BERLIN
MEINE STADT. MEIN LEBEN.

Claudia Höfling

BERLIN

MEINE STADT. MEIN LEBEN.

fotografiert von André Wagner

vbb   verlag für berlin-brandenburg

1. Auflage 2011
© Verlag für Berlin-Brandenburg, Inh. André Förster
Binzstraße 19, D–13189 Berlin
www.verlagberlinbrandenburg.de

Vermittelt durch: wortvollendet, Marion Appelt und Pia Gelpke, Wiesbaden / Berlin

Lektorat: Julia Lauber, Berlin
Umschlag, Gestaltung und Satz: Kati Hagemann, Erfurt
Druck: druckhaus köthen GmbH
Printed in Germany

ISBN: 978-3-942476-10-2

Für Anouk und Mika, die das Glück haben, gemeinsam mit dieser Stadt wachsen zu dürfen.

Inhalt

Liebe Leserinnen, liebe Leser,

wenn Sie dieses Buch in Händen halten, liegt eine Stadtrundfahrt der besonderen Art durch Berlin vor Ihnen und eine lange und aufregende Reise hinter mir. Während dieser Reise durfte ich tief und bisweilen auf unerwartete, vor allem aber auf bereichernde Art und Weise in die Dynamik dieser Stadt und in das Leben interessanter Berliner Persönlichkeiten eintauchen.

Berlin ist für mich bunt und wandelbar, nicht angepasst und trotzdem beständig. An den Herausforderungen dieser Stadt gilt es zu wachsen – dann hält sie durchaus Momente tiefer Zufriedenheit und Glück bereit. Aus diesen Gefühlen und Erfahrungen heraus wurde die Idee für dieses Buch geboren. Berlin ist eine Stadt, die mit einzigartigen Orten aufwartet und uns die Möglichkeit zu faszinierenden Begegnungen bietet. Was ist also das Besondere an Berlin? Warum ist diese Stadt – idyllisch und hässlich, anregend und ermüdend – so schwer greifbar?

Aussagen wie die von Boxer Arthur Abraham: „Woanders leben? Für mich gibt es keine Alternative zu dieser Stadt", dem Starfriseur Udo Walz: „In dieser Stadt habe ich alles gefunden, was ich gesucht habe" oder der Moderatorin Dunja Hayali: „Hier interessiert es niemanden, was du machst, sondern nur, wie du tickst" zeugen von der großen Begeisterung vom Leben in Berlin und von einer enormen Neugierde auf die Stadt und die Menschen, die da wohnen.

Ich traf aber auch auf Menschen wie Muriel Baumeister, die eher kritisch-distanziert in und mit Berlin lebt, sich einen „Schokoladenfilter über diese Stadt" wünscht.

Dieses Buch soll sich Berlin von allen Seiten aus annähern. Gerade auch durch Menschen, die nicht nur das Potenzial dieser Stadt, sondern auch ihre Versäumnisse, nicht nur den Indian Summer im Tiergarten, sondern auch den grauen Schnee am Bürgersteig, nicht nur die hippe Nachbarschaft in Mitte, sondern auch die Integrationsprobleme in Neukölln sehen und versuchen, innerhalb dieser Gegensätze ihren Weg zu gehen.

Um diesem Phantom und Phänomen Berlin auf die Spur zu kommen, habe ich mich mit zwanzig Berliner Persönlichkeiten – jungen und älteren, gebürtigen Berlinern und Wahlberlinern, ost- und westsozialisiert, Berlinern mit Migrationshintergrund, Schauspielern, Sportlern, Künstlern und Wirtschaftsgrößen – aufgemacht, das Wesen der Stadt zu ergründen. Das Ergebnis liegt heute vor Ihnen. Nach ausführlichen Gesprächen entstanden ganz individuelle Sichten auf das Berlin-Feeling der Promis und ihre Lieblingsplätze – Sie werden Bekanntes neu entdecken, Vertrautes mit ganz anderen Augen sehen und auf völlig neue Perspektiven und Orte stoßen. Begleiten Sie mich auf meinem Weg kreuz und quer durch die Stadt und lassen Sie sich inspirieren – nicht zuletzt von den authentischen und beeindruckenden Bildern von André Wagner.

Ich wünsche Ihnen viel Spaß beim Stöbern, Genießen, beim Ab- und Eintauchen!

Claudia Köhling

Arthur Abraham

„Woanders leben? Für mich gibt es keine Alternative zu dieser Stadt. Zu Berlin fällt mir kein Neinwort ein. Zu Berlin sage ich uneingeschränkt Ja!"

Arthur Abraham

Arthur Abraham, geboren 1980 in Armenien, wechselte anlässlich des Super-Six-Turniers im Jahr 2009 in das Supermittelgewicht und legte dafür seinen IBF-Weltmeistertitel im Mittelgewicht nieder. Spätestens seit dem gewonnenen Kampf gegen den Kolumbianer Edison Miranda, den er trotz doppeltem Kieferbruch während der dritten Runde mit unfassbar starkem Willen zu Ende fightete, gehört er zu den populärsten Sportlern Deutschlands. Der warmherzige Boxer lebt im Berliner Stadtteil Dahlem. Seine Begeisterung für Berlin ist so groß, dass er der Stadt nie den Rücken kehren möchte.

Das Brandenburger Tor

Das Brandenburger Tor ist das wichtigste Wahrzeichen der Stadt Berlin. Einst Symbol des Kalten Krieges und lange Zeit Teil der Grenzanlagen, steht es heute für die Wiedervereinigung Deutschlands und Europas. Das 26 Meter hohe, 65,5 Meter breite und 11 Meter tiefe frühklassizistische Bauwerk aus Elbsandstein markierte die Grenze zwischen Ost- und Westberlin und befindet sich am Pariser Platz im Bezirk Mitte. Das Tor wurde auf Weisung von König Friedrich Wilhelm II. in den Jahren 1788 bis 1791 erbaut.

Mein Mittelpunkt ...

Berlin symbolisiert Freiheit für mich. Ich erhole mich in Berlin, fühle mich hier sehr wohl. Es ist einfach eine wahnsinnig schöne Stadt. Überhaupt – so ein Land wie Deutschland gibt es nicht noch mal. Diese Ruhe, diese Sauberkeit, kein Mensch schreit, keine Hektik, hier läuft alles nach Plan. Wo gibt's denn so etwas? In Berlin begegne ich offenen Herzen. Es ist eine Touristenstadt. Hierher kommen die Präsidenten, die Sportler und die Weltmeisterschaft, Elton John und Céline Dion ... Du musst nirgendwohin, alle kommen zu dir. Nach Berlin.

Anfangs war es mir völlig egal, wo in Deutschland ich wohne. Solange es in Deutschland war. Denn hier wollte ich meinen Traum verwirklichen und Profiboxer werden. Begonnen habe ich meine sportliche Karriere aber als Radfahrer. Ich wollte werden wie Miguel Indurain. Ein ganz Großer eben. Aber dazu hatte ich nicht das Talent. Als Jugendlicher habe ich im Fernsehen immer viel Boxen geschaut. Vor allem die Kämpfe von Mike Tyson haben mich bewegt. Und dann habe ich mit sechzehn mit Boxen angefangen. Heute heißt mein Hund Mike Tyson, ich bin Weltmeister und ich lebe in Berlin!

Als ich 2004 von Köln nach Berlin gezogen bin, habe ich mich nicht auf die Stadt konzentriert. Der Sport war das Wichtigste. Ich hatte noch kein Auto und musste viel mit der U-Bahn fahren. Wir haben damals noch an der Landsberger Allee trainiert. Da war ich täglich vier Stunden unterwegs – nur um ins Gym und wieder zurück zu kommen. Das war anstrengend. Aber dann hat sich alles entwickelt. Ich hab den Führerschein gemacht, mir ein Auto gekauft und schnell gemerkt, dass ich nur in dieser Stadt leben möchte. Deswegen habe ich auch ein Haus gekauft, meine Eltern hierher geholt. Jetzt leben wir alle zusammen. Ich bin glücklich, wenn ich nach einem langen Tag nach Hause komme und sehe, dass alle da sind. Der Sinn meines Lebens sind gute Freunde und meine Familie. Ich will erfolgreich sein – privat wie beruflich. Und das ermöglicht mir Berlin.

Es gibt so viele großartige Orte in der Stadt. Ich bräuchte Jahre, um diese alle zu entdecken und zu erobern. Und ich bin immer noch so neugierig auf die Stadt. Wenn ich Gäste aus dem Ausland habe,

... der Welt

Berlin ist eine große Stadt, aber mein Herz schlägt für das westliche Zentrum beim Kurfürstendamm. Das KaDeWe ist mein zweites Zuhause. Dort gehe ich oft für die ganze Familie einkaufen, ich liebe die Ordnung, die Gerüche dort und dass ich unter einem Dach alles finde, was das Herz begehrt. Zum Entspannen gehe ich in das Pergamonmuseum, das Naturkundemuseum oder das Schloss Sanssouci. Und ich relaxe gern bei klassischer Musik. Meine Assistentin muss mir jeden Monat eine Liste der schönsten Events zusammenstellen. Unter den vielen Konzerten, Museen und Veranstaltungen wähle ich dann mindestens zwei aus.

Und die Berliner? Es gibt ein Sprichwort in Armenien: „Es gibt kein Dorf, in dem es keine Hunde gibt." Also, ich will sagen, unfreundliche Menschen gibt's überall. Aber in Berlin fällt mir das nicht besonders negativ auf. Auch wenn die Mentalitätsunterschiede zu meinem Heimatland Armenien schon groß sind. Bei uns sind die Leute etwas herzlicher. Hier müssen alle so viel arbeiten. Sie sind eben anders eingestellt. Auch das Familiengefühl ist hier nicht so stark. Bei uns ist die Familie sehr wichtig. In Deutschland ziehen die Kinder so früh aus, bei uns ist das eher umgekehrt. Eigentlich sind wir ein Leben lang zusammen.

Woanders leben? Für mich gibt es keine Alternative zu dieser Stadt. Um zu boxen, klar. Wir sind die Hälfte des Jahres ja sowieso unterwegs. Zu Berlin fällt mir kein Neinwort ein. Zu Berlin sage ich uneingeschränkt Ja!. Naja, ich hätte gerne mehr Sommer hier. Das fehlt. Deutschland hat zwei Fehler: das kalte Wetter und die hohen Steuern. Wenn das noch passen würde, wäre wohl die ganze Welt hier.

zeige ich ihnen mein Berlin ganz stolz. Schaut mal, was es hier alles bei uns gibt. Ich nehme mir gerne Zeit für meinen Besuch. Und sie merken – alles, was ich ihnen zeige, liegt mir am Herzen. Ich fühle mich wohl, wenn ich das Brandenburger Tor sehe, ich fühle mich wohl im Ritz-Carlton, an der Siegessäule und an der Spree. Einer der schönsten Plätze in Berlin ist für mich das Schloss Charlottenburg. Dort habe ich meiner Mutter auch einen Friseursalon gekauft. Eine Sache, um die sie sich intensiv kümmern kann.

Kein Privatleben mehr

Am Anfang war es etwas schwierig für mich, mit dem Erfolg umzugehen. Mittlerweile ist das alles ganz normal geworden. Das ist mein Leben. Der Nachteil ist, dass ich kein Privatleben mehr habe. Egal, wohin ich gehe. Ich kann nicht einfach das machen, was ich will. Alle schauen auf mich. Alle fotografieren. Aber es ist natürlich auch schön, so viele Fans zu haben. Ich habe pro Tag fünf- bis sechstausend Klicks auf meiner Homepage. Ich bekomme täglich Hunderte von E-Mails. Ich habe auch ein extra Merchandising für meine Fans. Nicht, um Geld zu verdienen. Ich verdiene mein Geld mit dem Boxen. Aber es ist ein schönes Gefühl zu sehen, wie sich die Fans freuen. Ich hätte nie im Leben gedacht, dass sich die Leute hier mal Arthur-Abraham-Shirts kaufen würden.

Ich werde auch viel eingeladen. Es ist gut, sich aussuchen zu können, wo man hingeht. Aber ich muss mich wohlfühlen. Es muss Hand und Fuß haben und sollte seriös sein. Es schauen ja alle auf mich. Ich kann hundertmal was Gutes tun. Das ist normal. Aber wenn ich einmal ausschere, dann steht das sofort überall. So ist das wohl mit dem Erfolg und dem Bekanntsein.

Meine Nummer eins: Das Brandenburger Tor

Wenn ich an Berlin denke, sehe ich das Brandenburger Tor. Das ist mein Symbol für Berlin. Das ist die Nummer eins für mich in Berlin. Da hat so viel Geschichte stattgefunden. Ost und West kommen dort zusammen. Es gibt heute keine Mauer mehr. Doch hier verläuft immer noch die Achse der Stadt. Man darf die Vergangenheit nicht vergessen, aber man muss nicht mit ihr leben. Man muss mit der Zeit leben. Die Vergangenheit ist vorbei und wir leben ja jeden Tag weiter. Ich mache mir viele Gedanken übers Leben. Dabei liebe ich es, am Wasser spazieren zu gehen. An der Spree. Dann nehme ich meinen Hund mit, laufe stundenlang und schalte richtig ab. Aber ich denke auch nachts viel nach. Neben meinem Bett liegt immer ein Diktiergerät. Ich denke immer weiter. In welcher Form bin ich gerade? Was mache ich nach dem Boxen? Wie geht's meiner Familie und der Verwandtschaft? Und ich träume davon, zu heiraten und drei Jungs zu bekommen, mit denen ich den ganzen Tag rumtoben kann …

Jim Avignon

„Mir persönlich bleiben die Neunziger in Berlin als das wirklich tolle Jahrzehnt in Erinnerung. Ein Jahrzehnt, in dem alles möglich war und in dem alles ausprobiert wurde, auch von mir selber. Es wurde für den Künstler wichtiger, vom Publikum gemocht zu werden. Ich hoffe sehr, dass sich das Berlin von heute den Luxus leistet, es trotzdem irgendwie immer anders zu machen."

Jim Avignon

Jim Avignon, Maler, Musiker, Illustrator und Konzeptkünstler, gelang international der Durchbruch durch die Bemalung von Swatch-Uhren und Flugzeugen, Rover-Autos und einem 2 800 Quadratmeter großen Bild zur Neueröffnung des Berliner Olympiastadions. Seine „poppig-simplifizierte" Kunst, die gesellschaftliche Bezüge in aller Form aufgreift und subtil kritisiert, wird als Cheap Art bezeichnet, da Jim Avignon dafür bekannt ist, seine in hohem Tempo zahlreich produzierten Bilder oft zu sehr niedrigen Preisen zu verkaufen. Mit seiner Band *Neoangin* brachte er mehrere Alben auf den Markt. Jim Avignon lebt in New York und Berlin.

Das Haus Schwarzenberg

Zwischen den Edelboutiquen der Hackeschen Höfe und Rosenhöfe gibt es noch einen Ort, an dem kleine Gewerbetreibende, Kunst- und Kulturschaffende arbeiten und überleben können. Das ist der Anspruch des Vereins Schwarzenberg e. V., der das Haus mit der Nummer 39 der Rosenthaler Straße als lebendigen Ort internationaler kreativer Subkultur pflegt. Brüchige Fassaden, Graffiti von Urban-Art- und Street-Art-Künstlern oder Metallkreaturen prägen das Erscheinungsbild des Hauses, das sich seit den Neunzigerjahren wenig verändert hat. Jim Avignon organisiert im *Haus Schwarzenberg* viele Ausstellungen und gestaltet Projekte.

Prägende 90er-Jahre

Als Inspiration war für mich schon immer der Mensch wichtiger als die Stadt. Meine Lieblingsinspirationsquelle ist es, in der U-Bahn zu sitzen, die Menschen anzuschauen und mir zu jedem eine Geschichte auszudenken. Ich stelle mir zu jedem Gesicht etwas vor und so entstehen meine Bilder. Gerne in der Farbpalette Berlins, also dem schmutzigen Gelbgrau der Häuser und den ganz knalligen Farben der Partyszene. Das ist schon rein farblich betrachtet ein schöner Kontrast. Manchmal kommentiere ich in meinen Bildern auch, wie sich Berlin verändert. Ich finde, dass sich in den letzten fünfzehn Jahren das Veranstaltungsangebot in Berlin von einer Art Interessengemeinschaft hin zu einem perfekt organisierten Dienstleistungsgewerbe verschoben hat. Viele der Leute, die Mitte der Neunziger Ausstellungen organisiert oder Clubs betrieben haben, waren selber Künstler. Es war eine Art Geben und Nehmen, ein Austausch. Heute sind die ganzen Clubs und Kunstorte sehr gut organisiert, aber vor allem auf Wirtschaftlichkeit ausgelegt. Für mich unterscheidet sich Berlin nur noch wenig von anderen Metropolen wie London, Paris oder New York. Berlin ist erwachsen geworden, aber ich gebe die Hoffnung nicht auf, dass nach einer Phase der Sammlung auch wieder ein Ausbruch von Energien kommt, den man auch wahrnehmen kann. Ich hoffe sehr, dass sich Berlin den Luxus leistet, anders zu bleiben.

Mir persönlich bleiben die Neunziger als das wirklich tolle Jahrzehnt in Erinnerung. Ein Jahrzehnt, in dem alles möglich war und vieles ausprobiert wurde, auch von mir selber. Vielleicht zu viel, denn seitdem habe ich immer wieder die Sorge, mich zu wiederholen. In den Neunzigerjahren habe ich jedenfalls meinen Stil gefunden und begriffen, was ich möchte und was mir wichtig ist im Leben.

Auf eine bestimmte Weise geht es in Berlin auch heutzutage weiter mit dem Hype und der Crazyness. Aber das wird zum Großteil aus dem Ausland hierher getragen. Aus Amerika und Europa kommen viele Leute in die Stadt, angelockt von einer Sehnsucht nach genau diesem wilden Berlin der Neunziger. Sie versuchen, dieses Gefühl weiterzuleben, aber es bleibt eine Kopie. Heutzutage gibt es bei den Machern und beim Publikum eine klare Vorstellung davon, wie Nachtleben auszusehen hat, das war früher anders. In den Neunzigern wurde in der Kunst oder im Nachtleben sehr viel ausprobiert. Mich stimmt diese Entwicklung etwas sentimental. Seit ein paar Jahren bin ich nur noch circa ein Drittel des Jahres in Berlin. Ich habe das Gefühl, an jedem Ort schon einmal gewesen zu sein, etwas gemacht zu haben. Ich habe plötzlich eine Neugier auf die Welt gespürt, wollte woanders hin und wusste vorerst gar nicht wohin, bis ich mich in New York verliebt habe.

Mit dem Blick eines „New Yorkers" komme ich nun zurück und habe wieder mehr Lust, hier auf Entdeckungsreise zu gehen. Ich gehe sogar spazieren und stoße auf versteckte Winkel und vergessene Straßen in Berlin, die ich vorher nie gesehen hatte. Auch nach zwanzig Jahren hat man immer noch das Gefühl, dass hier riesengroße tolle Räume entdeckt werden können. Man glaubt, der Vorrat an großartigen Locations nimmt nie ein Ende.

Jim Avignon | Künstler

Haus Schwarzenberg:
Vorwärts in die Vergangenheit

Das *Haus Schwarzenberg* wird von einer Gruppe befreundeter Künstler bewohnt, die Anfang der Neunziger das leerstehende Gebäude in der Rosenthaler Straße 39 mieten und Teile des Hauses sogar käuflich erwerben konnten. Die Idee hinter dem Verein Schwarzberg e. V. war es, einen Ort in der Mitte Berlins zu schaffen, an dem sich zahlreiche Künstler und kulturelle Einrichtungen treffen, um ihre ähnlichen Vorstellungen von Leben und Kunst umzusetzen. Heute sind das zum Beispiel die Bar *Eschloraque*, mehrere Werkstätten, der Buchladen *Neurotitan* und eben auch der Ausstellungsraum *Haus Schwarzenberg*, in dem ich in den letzten fünfzehn Jahren viele Ausstellungen organisiert und Projekte gestaltet habe.

Zwischen einigen der Macher und mir besteht eine lange Freundschaft und deshalb auch ein gutes Vertrauensverhältnis. Man kennt sich und kann gut zusammen arbeiten. Wir haben eine ähnliche Art und Weise, die gesellschaftlichen Veränderungen in Mitte kritisch und reflektiert zu betrachten, und versuchen dort, mit Kunst eine Art Gegenmodell vorzuschlagen. Das hat bis zum heutigen Zeitpunkt immer wieder ganz gut geklappt.

Mitte der Neunzigerjahre machte die ganze Oranienburger Straße einen charmant abgefuckten Eindruck und der Hof sah im Verhältnis zum Rest des Viertels tatsächlich fast schon herausgeputzt aus. Dieses Bild hat sich in den letzten Jahren aber komplett gewandelt. Der Hof ist ein langer Schlauch, und je weiter man nach hinten geht, desto trashiger, desto originaler und kaputter sieht es aus, was auf eine bestimmte Art und Weise auch gewünscht ist. Er grenzt sich bewusst von diesem ganzen neuen Schick in Mitte ab. Heute wird der Hof des *Hauses Schwarzenberg* täglich von

Horden von Touristen aufgesucht, die auf der Suche nach dem ursprünglichen Berlin der Nachwendezeit sind. Man hat ein bisschen das Gefühl, durch ein Zeitfenster zurück in die Neunziger zu steigen. Das hat nicht unbedingt den Ostzeiten-Look, da müsste man wohl eher in bestimmte Teile von Friedrichshain fahren oder nach Pankow, aber es hat sich den Look erhalten, so wie er in den Jahren nach der Wende war.

Die Gefahr besteht natürlich, dass der Ort auf diese Weise zu einer Art lebendem Anachronismus wird, weil die Besucher hauptsächlich wegen einer gewissen Sentimentalität kommen, auf der Suche nach der vermeintlich guten alten Zeit. Die Touristen schauen sich gerne die Metallmonster im Keller an, die inzwischen auch eher ein archaisches Überbleibsel einer anderen Zeit sind. Trotzdem ist der Buchladen *Neurotitan* wohl Berlins bestsortierter Buchladen im Bereich Streetart und Grafikdesign, und alles, was im Kunstbuchsektor noch nicht so etabliert ist, findet dort einen guten Platz.

Das *Haus Schwarzenberg* zieht nach wie vor Künstler aus der ganzen Welt an: Die hinterlassen dann gerne auf irgendeine Art ihre künstlerischen Statements und taggen oder malen irgendwas an die Wand. Und weil das *Haus Schwarzenberg* eine Art Kommunikationszentrum ist, kleben die Leute hier Flyer und Poster hin, und es gibt keinen, der diese jemals wieder abmacht. Im Grunde ist der Hof seit fünfzehn Jahren eine überdimensionale Pinnwand und erzählt auf diese Weise seine eigene Geschichte und die seiner Bewohner. Aber wenn man sich das Viertel als Ganzes anschaut, dann passt das *Haus Schwarzenberg* hier als Ort nicht mehr hin und wäre wahrscheinlich in Kreuzberg viel besser aufgehoben ...

Cynthia Barcomi

„Viele Gastronomen denken sehr kurzfristig. Sie sehen einen Trend, machen sich aber keine Gedanken darüber. Mein Erfolgsgeheimnis war nicht unbedingt amerikanisches Gebäck an sich, sondern seine Frische und dass das authentische Konzept deiner Idee kommuniziert wird. Selbst wenn da nur ein einziger Apfelkuchen im Fenster steht – wenn das der Apfelkuchen deiner Träume ist, dann wird auch der Laden perfekt sein."

Cynthia Barcomi

Sie ist die Kuchenkönigin von Berlin: Schon lange vor Beginn der Coffeeshopwelle in Deutschland kredenzte Cynthia Barcomi Brownies, Muffins und Bagels zu hochwertigem Kaffee und setzte sich damit am Markt durch. Jedes der angebotenen Gebäcke ist handgemacht und erzählt eine Geschichte aus Barcomis Leben – damit verarbeitet sie „eventuell aufkommende Heimwehgefühle" und sorgt für die außergewöhnlich hohe Qualität ihrer Angebote. Heute führt die sympathische Amerikanerin zwei der angesagtesten Cafés in Kreuzberg und Mitte, außerdem ist sie Backbuchautorin und Fernsehköchin.

Die Mulackstraße

Von preiswert bis luxuriös – Berlin ist das Eldorado für Shoppingbegeisterte. Neben den zahlreichen Kaufhäusern und großen Handelsketten findet man im Stadtbild aber auch noch viele Straßen mit kleinen Boutiquen und kreativ gestalteten Läden, die den individuellen Charakter der einzelnen Bezirke widerspiegeln. Cynthia Barcomi liebt es, in ihren Geheimtippstraßen – das sind die Mulack- und die Alte Schönhauser Straße – bummeln zu gehen. Die kleinen Seitenstraßen in Mitte haben sich durch Läden mit stilistischer Einzigartigkeit und hoher Herstellungsqualität zu wichtigen internationalen Modeadressen entwickelt.

Ein Freund fürs Leben

Städte, wo alles in eine Richtung läuft, interessieren mich nicht. Ich mag die Spannung in Berlin, diese Dynamik und dass so viele Menschen in diese Stadt kommen, um ihre Idee zu verwirklichen. Was für mich Berlin interessant macht, sind verschiedene Positionen und der Austausch zwischen Ausländern und Deutschen. Dafür ist es natürlich wichtig, die deutsche Sprache zu können, und dafür setze ich mich ein. Wenn man die Landessprache nicht spricht, dann ist man isoliert. Ich kann auch aus eigener Erfahrung sagen, wie bereichernd es ist, landestypische Eigenheiten wahrzunehmen. Wenn es zum Beispiel einen neuen Laden gibt, dann ist es die Mentalität der Amerikaner, direkt reinzugehen, sich dort umzugucken und zu sagen „Ich mag das" oder „Ich mag das nicht". Und dann gehen sie halt wieder. Die Deutschen aber pressen ihr Gesicht ans Fenster, und die Hemmschwelle reinzugehen, ist zu groß. Das ist nicht leicht für uns Gewerbetreibende. Auf der anderen Seite ist es aber so: Wenn dich die Stadt einmal aufgenommen hat, dann hast du einen Freund fürs Leben. Das, was mich mit Berlin verbindet, ist nichts Oberflächliches. Die Berliner sind schon kritisch, aber wenn etwas gut und mit Liebe gemacht ist, dann merken sie das auch.

Als ich nach Berlin gezogen bin, habe ich immer auf meine Uhr geschaut und mich gefragt, was ich jetzt noch machen kann. Ich kam frisch aus New York, war diesen „Boom-Boom-Boom-Rhythmus" gewohnt, denn du kannst in New York nicht langsam auf der Straße gehen. In Berlin dagegen ist jeder und alles auf einen ganz anderen Rhythmus eingestellt. Durch diesen Gegensatz hatte ich das Gefühl, alles machen zu können, was ich wollte. Die Stadt war offen für mich. Dabei war es nicht das Wichtigste, dass ich mit meiner Idee, eine Art Kaffeerösterei zu eröffnen, die Erste war, sondern dass die Qualität besser ist als alles, was sonst auf diesem Gebiet angeboten wird. Es ist einfach, mit der Zeit schlechter zu werden. Aber es ist schwierig, mit der Zeit noch besser, noch besser, noch besser zu werden und dabei ganz ruhig zu bleiben. Mit *Barcomi's* gehören wir immer noch zu den wenigen, die wirklich von oben bis unten und von links nach rechts alles von Hand machen.

Anfang 1994 gab es in Berlin keine Läden, die Brownies, Bagels oder Kaffeebohnen im Sortiment hatten. Ich war also inspiriert davon, mich der Herausforderung zu stellen und Gäste zu gewinnen, ohne Kompromisse zu machen. Ich hab mich dann auf bestimmte kulturelle Gemeinsamkeiten konzentriert und das ist sonntags Kaffee und Kuchen, ganz klar. Die Leute wussten vielleicht am Anfang nicht wirklich, was ein Brownie oder Muffin ist, und mussten öfter auf die Ware in der Auslage zeigen, aber ich denke, dass es wichtig ist, sehr viel Geduld zu haben und Ruhe zu bewahren, bis sich die eigene Idee durchsetzt. Dazu gehört es auch, sich als Ausländer zu integrieren, ohne seine Kultur zu verlieren. Ich bin zwar eine Berlinerin, aber ich werde niemals eine Deutsche sein.

Mit meinem Laden wollte ich die Botschaft überbringen, dass es in Amerika sehr wohl eine Esskultur gibt. Mich hat dieser Mythos über das schlechte amerikanische Essen einfach genervt.

Ich versuche zu vermitteln, worum es geht bei amerikanischem Gebäck. Es hat eine ganz andere Ästhetik als deutsches Gebäck. Wir benutzen andere Zutaten, wir haben eine andere Tradition, wann wir backen und wie wir backen. Meine Läden wurden angenommen, die Leute setzen sich damit auseinander, kaufen meine Rezeptbücher, und das finde ich toll.

Cynthia Barcomi | Backbuchautorin und Berliner Caféinhaberin

Auf in die Mulackstraße

Viele Einkaufsstraßen in Amerika, ob man nach New York, Boston, L.A. oder Seattle geht, sehen aus wie die Ladenketten am Potsdamer Platz. Ich schätze und liebe an Berlin, dass es in vielen Straßen noch die Einzelhändler mit ihren ausgesuchten Sachen gibt. Die arbeiten wie ich, suchen schöne Dinge aus und stellen die so zusammen, wie sie sich das vorstellen. Für mich hat das Herz und Seele. Klar, auch ich fahre gerne mal ins KaDeWe, aber in der Regel unterstütze ich die Einzelhändler. Gerade nach dem Mauerfall sind viele Läden, kleine Bäckereien und Konditoreien von der Industrie übernommen worden. Das ist so schade, denn es ändert eine ganze Straße, ein ganzes Stadtbild. Das Problem für diese Leute ist es doch auch, noch mal anzufangen, noch mal von vorne ihre Idee von einem Geschäft umzusetzen. Bei meiner Abneigung gegen die großen Ketten geht es nicht darum, dass ich nicht mit anderen Leuten zusammenarbeiten will. Aber ich würde meine Ideen nur nie einfach so verkaufen und sagen: „Macht damit, was ihr wollt." Klar, es bedarf schon viel Geduld und Durchsetzungskraft, immer an seinem „Baby" dranzubleiben. Das erfahre ich ja selbst jeden Tag. Auf dem Weg gibt es immer Prüfungen, und in diesen Momenten ist es ganz wichtig, klar vor Augen zu haben, wie sehr man an seine Idee glaubt, wie wichtig es für einen ist, die eigenen Wünsche und Prinzipien durchzusetzen.

Meine Lieblingseinkaufsstraßen in Berlin sind die Mulackstraße, die Steinstraße und das Gebiet um die Alte Schönhauser Straße. Ich mag das *Kochlust*, das ist ein gut sortierter Kochbuchladen, der im hinteren Bereich eine große Küche hat, wo regelmäßig Kochkurse veranstaltet werden. Was für eine schöne Idee! Oder die Besitzerin des *Lala Berlin*, die schon vor Jahren superschöne Schals gestrickt hat und mittlerweile ganze Kleiderkollektionen anbietet. In der Steinstraße gibt es ein ganz tolles Kindergeschäft ... Was mir bei diesen Läden vermittelt wird oder was bei mir ankommt, ist Inspiration. Ich weiß, dass es einfach total viel Arbeit ist, so ein Geschäft auf die Beine zu stellen. Dranzubleiben, bis es läuft und man vom Publikum gemocht wird. Ich weiß noch, wie verunsichert ich war, als ich meinen zweiten Laden, das *Deli* in Mitte, aufgemacht habe, der sehr versteckt liegt. Wenn man nicht weiß, wo der Laden ist, findet man ihn auch nicht. Es ist toll und eine schöne Bestätigung, dass die Leute wirklich bewusst zu uns kommen. Aber das hätte auch richtig schiefgehen können. Als erstes Geschäft wäre das zu risikoreich gewesen. Denn es ist doch eher ganz selten, dass die Leute bereit dazu sind, die Haupteinkaufsstraßen zu verlassen. In Berlin aber gehen die Menschen gerne ihren eigenen Weg!

Muriel Baumeister

„Berlin und ich – das hat etwas Abwartendes. Ich bin leicht neugierig, aber auch sehr vorsichtig. Das ist, wie wenn sich zwei Boxer zum ersten Mal im Ring treffen und warten, wer zuerst austeilt."

Muriel Baumeister

Sie ist eine von Deutschlands beliebtesten Schauspielerinnen: Muriel Baumeister, geboren 1972 in Salzburg, steht seit ihrem 16. Lebensjahr vor der Kamera und begeistert das Publikum durch ihre Vielseitigkeit. 1990 erhielt sie den Telestar Nachwuchspreis und 1994 die Goldene Kamera. Muriel Baumeister lebt mit ihren zwei Kindern in Prenzlauer Berg. Den schwefelgrauen Winter in Berlin übersteht die Schauspielerin nur durch ein gutes Yogastudio.

Die Siegessäule

Eines der bekanntesten Wahrzeichen Berlins steht mitten im Tiergarten: Die 67 Meter hohe Siegessäule. Von oben – nur überragt von Viktoria, der Siegesgöttin aus der römischen Mythologie – haben die Besucher einen guten Ausblick über den 210 Hektar großen Tiergarten und die angrenzenden Stadtbezirke. Zur Erinnerung an die preußischen Feldzüge gegen Dänemark (1864), Österreich (1866) und Frankreich (1870/71) wurde die Siegessäule 1873 auf dem Gelände aufgestellt, neben dem später der Reichstag gebaut wurde. Sie steht aber heute auf dem Großen Stern.

Einen Schokoladenfilter über Berlin

Wenn Berlin ein Gemälde wäre, hätte es unterschiedliche Grautöne. Und es hätte was von diesen Zeitrafferbildern, wo du die Bewegung noch siehst. Ich fahre sehr gerne Taxi in Berlin. Ich unterhalte mich mit jedem Fahrer und will hören, wie die so drauf sind, was die erzählen und welche politische Haltung die haben. Da erfahre ich viel über die Stadt. Neulich musste ich so lachen, als ein Taxifahrer zu mir sagte: „Wenn Hundepisse farbig wäre, müssten die Kids nicht mehr Graffiti sprühen." Berlin ist definitiv keine Stadt, die stillsteht, die fest gemauert ist, deswegen ist in meinem Berlinbild Grau und Licht und Bewegung, so wie wenn man einen Kometen fotografisch festhält. Ich komme ja richtig vom Land aus Österreich, wahrscheinlich ist mir deshalb der Grundherzschlag dieser Stadt viel zu hoch.

Im Sommer macht mich Berlin ganz leicht, aber der Winter ist echt starker Tobak für mich. Als ich damals von Hamburg nach Berlin gezogen bin, habe ich gedacht, das sei ein Scherz. Morgen wird es bestimmt wieder besser und in Hamburg regnet es ja auch. Aber dieses Schwefelgrau, die Hässlichkeit dieser Stadt, die Lautstärke, das tut mir richtig weh. Mir fehlt etwas, wo mein Auge ruhen kann. Kann man nicht einfach einen Schokoladenfilter über Berlin packen, damit es ein bisschen netter aussieht? Diese Stadt ist schon sehr ungeschminkt! Um sich von dem Berliner Winter nicht unterkriegen zu lassen, braucht man eine gute Yogapraxis oder wahnsinnig viel Hoffnung!

Als ich noch in Hamburg gewohnt habe, war ich viel in Berlin. Das war rauer und lebendiger und fremd und es war natürlich auch immer Urlaub. Ich hab mich auf ein Abenteuer eingelassen. Denn als ich dann hierhergezogen bin, war wenig wie erhofft. Vielleicht ist es wirklich so eine Art Hassliebe. Berlin und ich – wir sind uns nicht grün, das kann ich echt sagen. Vielleicht bin ich mit meiner Hassliebe zu dieser Stadt so beschäftigt, dass ich mich noch gar nicht fragen konnte, wo ich eigentlich leben will. Aber Berlin ist auf keinen Fall die Stadt, in der ich alt werden möchte. Ich sehe hier viele Menschen, die nicht das Glück haben, in einer gewissen Schicht zu leben, und das bricht mir das Herz.

Berlin und Wien sind ja komischerweise gar nicht so unterschiedlich, wie man denkt. Die Wiener und die Berliner mögen sich zwar nicht, sind aber eigentlich gar nicht so verschieden. Sie haben beide einen unverschämten Ton am Leib. Auf ihre Art. Sind ziemlich größenwahnsinnig und neigen zur Selbstüberschätzung. Viele Leute hier trauen sich auch, mich direkt anzusprechen. Das passiert immer sehr respektvoll. Für ihre Volksnähe und Coolness mag ich die Berliner. Da ist nicht so eine Demut.

Was mag ich sonst noch an Berlin? Dass bei jeder Gelegenheit die Stühle rausgestellt werden. Ich mag die Kulturbrauerei total gerne und den alten Ostgeruch im Winter, wenn ich merke, dass es immer noch Kohleöfen gibt. Ich mag die *Berliner Zeitung*, Ostschrippen, das *Rogacki* in der Wilmersdorfer Straße und die türkischen Gemüsehändler. Mein zweites Wohnzimmer ist das *Florian*.

Es ist sehr österreichisch, den Tag im Café zu beginnen. Die vielen Frühstückscafés liebe ich an Berlin. Ich bin dann schon mal draußen, in dieser Schleuse zwischen Privatsphäre und Beruf. Wie im alten *Einstein* in der Kurfürstenstraße, das einfach sehr österreichisch ist, und ich liebe den wunderschönen *Prater*, die Siegessäule im Tiergarten und die *Fischerhütte am Schlachtensee*. Es gibt schon Schätze hier, die mag ich aber gar nicht teilen.

Berlin ist eine geile Stadt — nur einfach nicht meine

Berlin hat keine Mitte. Es gibt so viele „Herzen" in dieser Stadt. Eines davon ist für mich die „Goldelse". Ich bin der Überzeugung, dass so eine Draufsicht auf die Stadt etwas ganz Gutes ist. Weil mich das immer ein wenig innehalten lässt, all die Dramen rausnimmt und das geht zweihundertfünfundachtzig Stufen über der Stadt ganz hervorragend. Wenn ich unten stehe, dann bin ich fast überfordert von dem chaotischen Verkehr und der Hässlichkeit der Stadt. Oben angekommen, bin ich immer wieder total verblüfft: denn Berlin ist eine geile Stadt – nur einfach nicht meine.

Was ich so mag, ist die „Verspitznamung" von eigentlich ehrwürdigen Denkmälern. Die Siegessäule in „Goldelse" umzubenennen – so etwas wäre in München oder Österreich undenkbar. Aber den Berlinern ist das total egal. Das zeigt ganz viel über die Menschen hier, dass sie sich nicht ins Bockshorn jagen lassen, dass sie sich so durchgebissen haben über die Jahre – in all den Krisensituationen, die diese Stadt erlebt hat. Mit all dem Pragmatismus. Und dadurch ist für sie manches vielleicht auch leichter hinzunehmen als für mich mit meinem imperialistischen Kulturverständnis, mit dem ich aufgewachsen bin.

Pierre Besson

„Berlin ist ruppig und spröde und nicht unbedingt einladend. Und wenn man ein bisschen darüber nachdenkt, ist das eigentlich ganz schön."

Pierre Besson

Pierre Besson wurde 1967 in Ostberlin als Sohn der Schauspielerin Ursula Karusseit und des Schweizer Theaterregisseurs Benno Besson geboren. Nach einer Tischlerlehre studierte er an der Hochschule für Schauspielkunst „Ernst Busch". Heute lebt der Vater einer Tochter in Prenzlauer Berg. Wenn sich der leidenschaftliche Fußballfan Mühe gibt, dann findet er Berlin gut.

An der Alten Försterei

Das Stadion *An der Alten Försterei* ist ein komplett überdachtes Fußballstadion mit 16 540 Steh- und 2 460 Sitzplätzen im Berliner Ortsteil Köpenick. Seit seiner Einweihung 1920 ist es die Heimspielstätte des 1. FC Union Berlin. Um die damals marode *Alte Försterei* ligatauglich zu machen, bauten in einer einzigartigen Fanaktion 2 000 freiwillige Helfer das Stadion um. Neben dem Bau der Dachkonstruktion sowie der Rasenheizung wurden 2009 auch die Stehränge und viele umliegende Funktionsgebäude modernisiert.

Berlin hält mich wach

Nach Jahren des Herumirrens durch Europa habe ich es endlich geschafft, mit meinem Bruder und meinem besten Freund in einer Stadt, sogar in einem Bezirk zu wohnen. Wie viele Schauspieler lebe ich in Prenzlauer Berg, aber in einer Gegend, wo dieser neue Schick noch nicht so vorkommt. In die Arcaden zum Beispiel kommen die Leute von überall her. Das ist nicht so edel, es ist laut und wahnsinnig überlaufen. Das ist nicht schön, aber trotzdem hat das noch eine gewisse Authentizität. Irgendwie sehe ich da noch Berlin, ich sehe dieses völlige Außer-Rand-und-Band-Sein. Das finde ich am Kollwitzplatz nicht mehr. Da kenne ich auch keinen mehr. Früher gab es dort nicht die Kneipe für Künstler und die für Professoren und die für Arbeiter – die waren tatsächlich alle zusammen in einer Kneipe. Aber wenn diese Orte verschwinden, dann verschwinden natürlich auch die Menschen, die dazugehören.

In der Dunckerstraße hatte ich meine erste eigene Wohnung. Unten auf der Straße gingen die Typen schon morgens in die Kneipen und es war richtig voll dort. Setzen die sich heutzutage ins *Frida Kahlo*? Wo sind die hin? Wahrscheinlich sitzen sie zu Hause. Auch die ehemals einzigartigen Plätze in der Stadt gleichen einander immer mehr. Die Straßen werden begradigt, es kommen überall Parkbuchten hin ... und da merke ich, dass der Blick zurück immer schwieriger wird. Weil immer mehr Orte meiner Kindheit verschwinden. Das macht mich etwas traurig, weil es den Blick verklärt und man nicht mehr sieht, wie es tatsächlich war.

Berlin zeigt uns ein Stück Realität und ich glaube, wir haben die Wahl, wie wir das finden. Ich muss mir richtig Mühe geben, und dann finde ich Berlin gut. Sich in Berlin zu bewegen und zu sagen: „Ach, was ist das für eine schöne Stadt" funktioniert nicht. Berlin ist keine angenehme Stadt und in einer gewissen Weise habe ich mir die Stadt auch passend gemacht. Hier habe ich eben die meiste Zeit gelebt. Ich fühl mich in Berlin nicht unbedingt wohlig oder zu Hause und ich muss mich anstrengen, hier zu leben. Aber ich brauche es, dass mich Sachen stören, dass ich mich an ihnen reibe. Um wach zu bleiben und um zu merken, dass sich Dinge auch verändern. Merkt man ja nicht, wenn alles so glatt geht. In Berlin geht ja nicht mal der Alltag glatt.

Man kann diese Stadt unglaublich schnell hassen. Wenn man allerdings ein bisschen übt, dann gelingt es einem auch, sie gern zu haben. Dieses Unsympathische, das hier so mitschwingt, ist ja auch irgendwo liebenswert. Berlin ist halt besonders und authentisch. Die Stadt will nicht immer gefallen oder nett sein, sie ist halt so, wie sie ist.

Was Berlin nie mitbringen wird, ist eine Tugend wie Bescheidenheit. Oder Freundlichkeit. Das gibt's ja in Berlin nicht. Das wird's hier auch nicht geben. Aber Berlin ist wie kaum eine andere Stadt in Bewegung und dadurch, dass hier alles im Fluss ist – und weil die Mieten noch relativ bezahlbar sind –, kommen Menschen aus aller Welt hierher. So hat sich mit Mitte auch ein kulturelles Zentrum entwickelt. Auch wenn der Urberliner bleibt, wo er aufgewachsen ist.

Was für mich angenehm ist, ist die von den Berlinern betriebene Gleichmacherei, die man im Osten so furchtbar fand. Weil alle auf einem Level angenommen werden. Es wird nicht geduldet, dass jemand nach oben abhaut.

Pierre Besson | Schauspieler

It's all about Soccer

Ich habe in Köpenick die Schule besucht und Union war der erste Verein, zu dem ich ins Stadion gegangen bin. Damals ging es weniger um Fußball als um das, was sich neben dem Platz abspielte. Ganz schlimm waren die Derbys zwischen Union und dem Berliner Fußballklub, wo es richtig zur Sache ging und die Polizei anrücken musste. Und ich als zwölfjähriger Stippi immer mittendrin.

Meine Oma hat mir mal einen vier Meter achtzig langen Union-Schal gestrickt. Und als ich damit zum ersten Mal im Stadion war, wurde der mir schwups geklaut. Da war ich natürlich fix und fertig. Ich kann mich noch genau erinnern, dass ich vom Fußball so gut wie nix gesehen habe. Ich war ziemlich klein und stand dann immer zwischen diesen gigantischen Menschen, die sich schon für die Schlacht danach präpariert hatten. Das war für mich Fußball damals. Und deswegen hatte ich dann auch lange Zeit nichts mehr damit zu tun.

Inzwischen spielt Fußball wieder eine wichtige Rolle in meinem Leben. Ich liebe Stadien und bin ein großer Fan von Werder Bremen. Fußball hat für mich ganz viel mit Theater zu tun. Es gibt unheimlich viele Parallelen zwischen dem Führen einer Fußballmannschaft und dem Führen eines Ensembles. Die Prozesse, die dort während einer Vorstellung ablaufen, sind denen eines Spiels sehr ähnlich. Wenn jemand innerhalb eines Ensembles ausschert, dann sind es immer die anderen, die darunter leiden müssen. Und die das auffangen müssen. Es gibt Spannungen innerhalb einer Truppe, die sich sofort im Spiel bemerkbar machen. Ein merkwürdiger Umstand ist, dass man nach einer guten Vorstellung eigentlich immer eine schlechte macht. Der Körper erinnert sich einfach, dass es geklappt hat, und dann ist er nicht mehr so gut. Das Schwierigste ist eben immer, das Level zu halten. Das ist beim Fußball und beim Theaterspielen gleichermaßen so.

Was mich ärgert, ist, dass die Leute, ob beim Fußball oder beim Film, immer als Einzelne herausgehoben werden. Das sind dann die Stars und jeder fragt sich – ist der in Form, wie spielt der? Dabei geht es darum überhaupt gar nicht. Entschei-

dend ist die positive Wechselwirkung zwischen den Leuten … Es sind so viele daran beteiligt, aber am Ende ist nur einer zu sehen, und das ist der, der von der Presse rausgepflückt wird. Weil jeder diese Sehnsucht hegt, sich zu individualisieren. Aber tatsächlich geht es um Konstellationen und darum, wie Menschen sich miteinander verstehen.

Trotzdem ist Fußball keine Wissenschaft für mich. Es ist vor allem ganz viel Genuss. Wenn ich live schwierige Situationen sehe und wie sie gelöst werden, finde ich das ganz groß. Lässt er sich den Ball jetzt wegnehmen oder findet er einen Weg, aus der Umzingelung rauszukommen? Mit Hilfe oder allein? Das ist spannend, total irre … Während eines Spiels bin ich nicht verkopft. Ich raste total aus, fiebere mit meinem Team mit.

Im Vergleich zu meiner Jugendzeit hat sich bei Union Berlin ja jede Menge getan. Für eine Internetseite bin ich sogar Pate bei Union und weiß deshalb ziemlich gut Bescheid, was sich sportlich *An der Alten Försterei* tut. Für mich gäbe es in Berlin

sportlich nichts Schöneres, als wenn die Rolle, die jetzt Hertha spielt, Union übernehmen würde. Weil Union von der Intention und Erscheinung her sehr positiv rüberkommt. Das würde Berlin guttun. Eine irre Sache, dass es die Fans waren, die das jetzige Stadion selbst gebaut haben. Ich finde das beeindruckend – also erst mal auf die Idee zu kommen und das dann auch durchzuziehen! Ich kenne sogar eingefleischte Hertha-Fans, die jede Woche zu Union fahren. Einfach weil sie die Atmosphäre dort lieben und schätzen. Das Union-Stadion ist ein reines Fußballstadion, was ja bedeutet, dass der Fan richtig auf Tuchfühlung mit dem Geschehen auf dem Platz gehen kann. Besonders ist auch, dass es mit sechzehntausend Stehplätzen wesentlich mehr Steh- als Sitzplätze gibt. Da ist richtig was los. Da wird die neunzig Minuten durchgesungen. Das würden sich viele Hertha-Fans bei ihren Spielen auch wünschen.

Alfred Biolek

„Ich brauche das Flair der Großstadt, ich habe es schon immer gebraucht. Die Entscheidung vor zehn Jahren, außer in Köln noch hier in Berlin einen Wohnsitz zu haben, war auch schon stark geprägt davon, dass ich älter werde und nicht mehr so viel reisen will. Die Luft einer Großstadt, darauf verzichte ich nicht mehr."

Alfred Biolek

Für Alfred Biolek, geboren 1934 in Karviná, gibt es viele Berufsbezeichnungen: Der deutsche Fernseh-Entertainer, Talkmaster, Fernsehproduzent, Honorarprofessor und erfolgreiche Kochbuchautor kann auf eine eindrucksvolle berufliche Laufbahn zurückblicken und wurde – angefangen vom Adolf-Grimme-Preis in Gold bis zuletzt dem Deutschen Fernsehpreis – mit zahlreichen Auszeichnungen geehrt. Seit Ende 2010 lebt er zwar wieder in Köln, hat aber immer einen „Koffer in Berlin".

Der Kollwitzmarkt

Der Kollwitzmarkt zählt zu den beliebtesten Märkten in Berlin und ist schon fast zu einer Touristenattraktion geworden. Von Austern und Champagner bis zur selbstgemachten Marmelade – auf dem Wochenmarkt in Prenzlauer Berg wird jedes Bedürfnis befriedigt. Dementsprechend voll ist es immer wieder Samstag zwischen 9 und 18 Uhr an den Ständen an der Wörther Straße zwischen Husemann- und Kollwitzstraße. Der Markt ist so angesagt, dass er neben jungen Familien und Studenten auch gerne von „Promis", Medien-Yuppies und Künstlern frequentiert wird.

Lebensader Großstadt

Es gab einen Aspekt, den ich zum Zeitpunkt meiner Wohnungswahl ganz bewusst entschieden habe: Ich wollte im früheren Ostteil der Stadt Berlin leben. München, Mainz, Wiesbaden und Köln – ich habe ja schon so viele Jahrzehnte im Westteil Deutschlands zugebracht. Und wäre ich nach Westberlin gezogen, dann hätte das doch viel von dem, was ich immer gehabt habe. Nein: Ich wollte mal etwas Anderes, etwas Neues erleben. Und durch diese Entscheidung konnte ich beobachten, wie sich das Flair in Prenzlauer Berg von Jahr zu Jahr verändert hat. Was war das kurz nach der Wende für ein Chaos. Es gab Läden, da bin ich nicht rein aus Angst vor Einsturzgefahr. Dann wurden Stück für Stück die Häuser saniert, es gab und gibt originelle Lokale und aus dem ganz Alten, Kaputten entstand etwas ganz Neues. Das hat mich gereizt. Dass ich mit meiner Berliner Wohnung direkt in Prenzlauer Berg gelandet bin, war aber eher Zufall.

Heute findet man in Mitte oder in Prenzlauer Berg den Osten kaum noch. Damals, als ich zum ersten Mal herkam, waren alle Häuser im Bezirk verfallen und unrenoviert. Und dazwischen stand ab und

zu ein renoviertes. Das ist heute genau umgekehrt. Jetzt verändert sich das bis zu einem Punkt, den ich gerade noch gut finde. Aber wenn diese Entwicklung so weiter geht, dann stellt sich die Frage: Wohin? Wohin wird Berlin sich entwickeln? Und was bleibt von dieser originellen Stadt? Denn dass auch Berlin auf Dauer nicht diese tolle Stadt bleiben wird, dafür gibt es erste Signale. In der Alten Schönhauser Straße zum Beispiel gab es mit dem *Schwarzen Raben* ein Lokal, das ich sehr geliebt habe – äußerst sympathisch mit guter Küche. Da ist jetzt ein Jeansladen drin. Ich sehe in dieser Veränderung Parallelen zu New York oder London. Für mich ist Berlin heute wie das New York vor dreißig Jahren. New York war als Stadt sehr arm. Die Miete, das Essen – alles war preiswert. Es herrschte diese unwiderstehliche Aufbruchstimmung, die es heute auch in Berlin gibt. Es kamen Künstler und Theatergruppen aus der ganzen Welt. Alles war eingetaucht in diese „Es-kann-nur-besser-werden"-Stimmung. Nach vorne schauen. Experimentell, ganz frisch, ganz neu. Heute sind Städte wie New York oder London glatter geworden, fertig irgendwo. Mein Berlin ist das noch nicht, aber ich muss leider sagen, dass sich auch hier in den

nächsten zehn oder zwanzig Jahren viel Individuelles abschleifen wird. Und das tut mir weh.

Ich bin jemand, der zu hundert Prozent die Stadt auskostet. Ja, ich kann sagen, ich mache mir die Stadt groß. So groß es nur geht. Von dem Bezirk Prenzlauer Berg erlebe ich vergleichsweise wenig. Irgendwas war immer in mir, das mich in die Großstädte gezogen hat. Wenn ich mir vorstelle, dass ich auf dem Land lebe, vielleicht mit einem Garten, dann bekomme ich das mit meinen Ansprüchen und Bedürfnissen nicht zusammen. In meinem Leben gab es schon immer sehr viel Bauchgefühl, Instinkt und Intuition. Darauf habe ich gehört. Diese Gefühle haben mir letztlich immer die Richtung gewiesen. Ob Paris, New York, London oder Berlin. Für mich hieß es immer: „Ab in die Großstadt!" Und die Großstadt steht natürlich für Kommunikation. Mit den Menschen, die dort auch wohnen, die man kennt, mit denen man irgendwo hingeht. Dieses Kommunizieren, darum dreht sich mein Leben und um das auch beruflich kompetent machen zu können, wollte und will ich viel Kulturelles sehen und mich anregen lassen. Eigentlich bin ich auch noch permanent unterwegs. Ich gehe gern ins Ballett, ins Theater, ins *Berliner Ensemble* und kurze Zeit später das Kontrastprogramm in der *Neuköllner Oper*, in der *Bar jeder Vernunft* oder einem kleinen Off-Theater. Die Berliner Kultur als Überbau mit den Museen, den Ausstellungen, den Theatern, drei Opernhäusern und der ganzen alternativen Szene – das ist schon fantastisch und geprägt vom Aufbruch.

Irgendwas ist immer los in dieser Stadt. Ich lade viel ein, werde viel eingeladen und da ich einfach viele Leute kenne, passiert viel um mich herum. Das war in Köln damals natürlich auch so. Aber als ich die Sendungen nicht mehr gemacht habe und damit die vielen internationalen Gäste nicht mehr gekommen sind, hat für die kleine, sympathische Stadt das aufgehört, was sie für mich großstädtisch gemacht hat. Aber ich brauche dieses Flair und jetzt ist das doch perfekt, dass mein New York am Prenzlauer Berg liegt. Die Entscheidung vor zehn Jahren, außer in Köln noch hier in Berlin einen Wohnsitz zu haben, war auch schon stark geprägt davon, dass ich älter werde und nicht mehr so viel reisen will. Die Luft einer Großstadt, darauf verzichte ich nicht mehr.

Mein Leben:
Eine Balance zwischen
Genuss und Disziplin

Ich bin kein Einzelgänger und mag es gesellig. Also lade ich regelmäßig und gerne Freunde zu mir ein. Ein- bis zweimal im Jahr kommen auch schon mal sechzig Leute in meine Berliner Wohnung. In meiner Kochfibel mit über sechshundert Rezepten such ich mir dann was Schönes für meine Gäste aus, notiere mir, was ich brauche, und finde das Besondere auf meinem „Hausmarkt" am Kollwitzplatz.

Es ist wie ein Ritual für mich, zum Markt auf den Kollwitzplatz zu gehen. Das ist mehr als nur Einkaufen. Ich liebe die Gerüche, mag es, auf ein Schwätzchen am Stand zu verweilen, die Menschen dieser Großstadt zu erleben und natürlich auserlesene Zutaten für das Essen zu erstehen. Diese Vorliebe für Essen und Trinken und Kochen habe ich von meiner Mutter geerbt. Von ihr habe ich nicht das Kochen gelernt, aber die Liebe dazu. Schon als Kind bin ich oft mit ihr auf den Markt gegangen.

Ich kann gar nicht sagen, dass der Kollwitzmarkt in Prenzlauer Berg mein Lieblingsmarkt ist. Dazu muss man etwas wissen über mich: Es gibt überhaupt kein „Lieblings..." in meinem Leben. Es gibt kein Lieblingsbuch, kein Lieblingsland, keinen Lieblingsgast einer Sendung, nicht einmal ein Lieblingsgericht – also auch keinen Lieblingsmarkt. Es ist eben der Markt vor der Haustür. Wenn ich am Winterfeldtplatz wohnen würde, würde ich zu diesem Markt gehen. Ich bin ein Generalist. Das war auch sehr wichtig für meine Karriere und meine Sendungen. Dass ich mich eben auf den Dalai Lama genauso gefreut habe wie auf irgendeine völlig unbekannte Person. Mir ist im Laufe der Zeit klar geworden, dass ich einfach nach allen Seiten hin offen bin.

Präferenzen habe ich aber trotzdem, die haben einfach mit den praktischen Seiten zu tun. Präferenz Kollwitzmarkt heißt, dass ich da zu Fuß hin kann. Wie schön, dass es zudem ein ganz wunderbarer und besonderer Markt ist. Es gibt dort einen Blumenstand, der hat jede Woche nur Blumen in einer Farbkombination. Einmal ist alles in Weiß-Gelb, mal in Rot-Rosa oder Blau-Lila, mit sehr unterschiedlichen Blumen und Sträußen. Hoch ästhetisch finde ich das. Und dann der fast schon berühmte Stand von ein

paar Damen, die einen alten Bauernhof außerhalb der Stadt haben und hinreißende Pasta machen. Da stehen die Menschen immer Schlange und auch ich komme dort nicht vorbei, ohne etwas zu kaufen. Ich koche gerne und häufig mit Fleisch und auch in dieser Hinsicht bin ich auf dem Markt gut aufgehoben. Mit den beiden netten Damen, die Wildfleisch und Geflügel verkaufen, bin ich fast schon etwas befreundet. Aufgrund des ausgezeichneten Lammfleischs dort habe ich schon einige Male einen marokkanischen Lammeintopf gemacht: mit frischen Datteln, getrockneten Feigen und grünen Oliven. Hm, lecker! Ja, die Qualität auf dem Markt ist gut. Es gibt auch sehr viel Gemüse, das von dem Bauern, der dort steht, selbst angebaut wird. Sehr schön. Insgesamt hat man einfach eine große Auswahl.

Ein Ort der Begegnung ist der Markt aber für mich nicht. Vielleicht kommt das ja noch. Und eigentlich kaufe ich auch immer was. Nur so rüberschlendern – das ist bisher noch nicht vorgekommen. Obwohl, was ich auch ganz toll finde – und das hat ja auch etwas mit Genuss und einer Art von Müßiggang zu tun –, ist, dass es Stände mit Champagner und guten Weinen gibt. Also, falls jemand Lust hat, vormittags schon einmal ein Glas Champagner zu schlürfen ...

Ich hab eine Theorie für mein Leben gefunden. Jetzt erst im Alter, im Rückblick. Und ich habe immer danach gelebt, ohne sie bewusst zu verfolgen. Ich habe – und ich tue es immer noch – in einer Balance zwischen Disziplin und Genuss gelebt. Zurücklehnen und genießen, aber auch hart arbeiten und seine Chancen im Leben nutzen. Diese Mischung hat sich sehr bewährt für mich. Nur diszipliniert zu sein, macht sehr viel Stress. Das bin ich nicht. Aber nur Genuss – das geht eben auch nicht.

Heinz Buschkowsky

„Ich bin in Neukölln aufgewachsen und werde mein ganzes Leben hier verbringen. Aber ich muss leider auch sagen, Neukölln ist mir in vielen Teilen inzwischen fremd geworden. Ich trete dafür ein, dass die Kinder, die hier aufwachsen, die gleichen Möglichkeiten haben wie ich. Und dass Neukölln eine Heimat ist, von der die Leute sagen: ‚Hier kann man sein ganzes Leben verbringen.' Wie ich."

Heinz Buschkowsky

Als Bürgermeister des vielleicht größten sozialen Brennpunktes in Deutschland hat es Heinz Buschkowsky zu überregionaler Bekanntheit gebracht. Seit Jahren kämpft er provokativ und leidenschaftlich für Neukölln, den Bezirk, in dem er aufgewachsen ist. Der pragmatische SPD-Politiker will das Bildungssystem umkrempeln und die Probleme im Bereich der Integration lösen.

Das Gutshaus Britz

Im südlichen Teil des Bezirks liegt das etwas andere Neukölln: Britz mit dem spätbarocken Schloss, einer alten Parklandschaft, dem Gutshof. Das Gelände des Gutshofs, das Heinz Buschkowsky besonders am Herzen liegt, wirbt mit kulturellen Angeboten. Regelmäßige Ausstellungen, Konzerte, Führungen, der mittelalterliche Weihnachtsmarkt bis zu speziellen Angeboten für Kinder und Jugendliche – das alles wird von den Einwohnern dankbar angenommen.

Armenhaus Neukölln oder Herberge des Humankapitals von morgen?

Ich bin in Neukölln geboren, aufgewachsen und habe mein ganzes bisheriges Leben hier verbracht. Natürlich verändert sich eine Stadt innerhalb eines halben Jahrhunderts. Das trifft auch auf Neukölln zu. In vielen Bereichen ist es nicht mehr das Neukölln, das mich geprägt hat. Das Neukölln-Nord, in dem ich mich als Jugendlicher herumgetrieben habe, gibt es nicht mehr. Es ist eine andere Welt geworden. Die Geschäfte, in denen noch meine Eltern einkauften und in die ich artig mein erstes verdientes Geld brachte, sind längst Geschichte. Die Karl-Marx-Straße als Einzelhandelszentrum ist nur noch ein Schatten ihrer selbst. Auch die Bevölkerungsstruktur ist anders geworden. Menschen aus über einhundertsechzig Nationen sind hier inzwischen zu Hause. Mit anderen Lebensriten und kulturellen Gepflogenheiten, als ich sie gewohnt bin. Nicht alle sind auch tatsächlich in Mitteleuropa angekommen. Parallelgesellschaften sind entstanden. Einige haben sich auch im Sozialsystem eingerichtet und es als eine bequeme Lebensgrundlage adaptiert. Aber wer sich in einen anderen Kulturkreis begibt, muss wissen, dass er dort auf andere Regeln des Zusammenlebens trifft. Andere Länder, andere Sitten, so sagt man. Deswegen muss sich jeder vorher entscheiden, ob er die anderen Lebensformen auch für sich selbst gelten lassen will.

Ich mache mich stark dafür, dass in diesem Bezirk Neukölln Menschen, wie früher Klein-Buschkowsky, wohlbehütet heranwachsen und genauso wie ich ihren Weg in die Gesellschaft finden können. Kinder, die in Neukölln geboren werden, müssen die gleichen Chancen auf ein selbstbestimmtes Leben haben wie die, die vom Klapperstorch an komfortableren Orten der Stadt abgegeben worden sind. Neukölln soll den Menschen eine Heimat sein, von der sie sagen: Hier kann man sein ganzes Leben verbringen. Wie ich.

Allerdings habe ich schon den Anspruch – als Neuköllner wie als Bürgermeister –, dass dieser Berliner Bezirk auch in zwanzig Jahren nicht nur geografisch in der Mitte Europas liegt, sondern auch in den Köpfen und Herzen der Menschen präsent ist. Deswegen trete ich den Prozessen entgegen, die uns aus meiner Sicht in der Zivilisationsentwicklung rückwärts führen. Wie Neukölln zwei Generationen weiter aussehen wird, weiß ich nicht. Dazu gibt es im Moment zu viele Fragezeichen und Unwägbarkeiten. Es dauert schon eine Weile, bevor etwas Neues Ausstrahlung entwickeln kann. Am östlichen Rand, dem sogenannten Kreuzkölln, haben wir bereits heute deutliche Veränderungen in der Bevölkerung und im öffentlichen Raum. Viele junge Menschen, Studenten, Praktikanten, Auszubildende und Künstler fassen hier Fuß. Die kommen nicht, weil Neukölln so schick ist, sondern weil die Mieten billig sind. Wir haben dort inzwischen sogar eine hippe Boheme. Ein Beispiel dafür sind die rund fünfzig Modelabels, die hier inzwischen ihr Zuhause gefunden haben.

Leider können wir aber bisher nicht erkennen, dass sich die Veränderungen im Erdgeschoss, in der Gestalt von Galerien, Gaststätten, Kunstwerkstätten, auch in den darüberliegenden Wohnetagen dauerhaft niederschlagen. Das müsste sich dann ja in den Schulklassen widerspiegeln. Tut es aber bisher nicht. Darauf fällt mir nur eine Antwort ein: die zeitversetzte Segregation. Das heißt konkret, wenn die Kinder in die Schule kommen, ist Schluss mit lus-

tig. „Unser Kind ist kein Integrationspionier" oder „Mit dem eigenen Kind experimentiert man nicht" – das sind O-Töne. Die merke ich mir, die brennen sich ein. Deswegen glaube ich auch nicht, dass Neukölln der nächste Prenzlauer Berg wird. Weil wir leider für viele junge Leute nur eine Durchgangsstation, nur eine Lebensepisode bleiben. Später schwirren sie mit dem Möbelwagen ab. Prenzlberg biegen sich die Menschen hin, wie sie es haben wollen. Aber sie bleiben. Von uns ziehen sie fort. Die Verdrängungseffekte werden in Neukölln niemals die Dimension anderer Stadtteile Berlins erreichen.

Wie Neukölln im Jahre 2025 oder 2050 architektonisch geprägt sein wird? Keine Ahnung. Ich weiß aber, wie die Neuköllnerinnen und Neuköllner aussehen werden. Sie werden kein blondes Haar haben und vermutlich auch keine weißen Kniestrümpfe tragen. Der Anteil von Einwanderern in der Neuköllner Bevölkerung liegt heute bei vierzig Prozent. Im Norden Neuköllns sind es fünfundfünfzig Prozent, in unseren Grundschulen sogar schon sechsundachtzig bis sechsundneunzig Prozent. Das heißt, Neukölln-Nord wird mit seinen einhundertsechzigtausend Einwohnern in zehn Jahren eine Zuwandererstadt sein. Hier liegen die hohen Geburtenraten. Von hier könnten die Arbeitskräfte kommen, die in Folge der demografischen Entwicklung bald rar sein werden. Ob es so sein wird, entscheiden wir heute. Mit unserer Integrationspolitik. Aber nur, wenn es uns gelingt, unser Bildungssystem an die Herausforderungen von bildungsfernen Bevölkerungsschichten anzupassen. In Gebieten wie Neukölln liegt das Humankapital der Gesellschaft von morgen, nicht in den Wohlstandsgebieten des Bildungsbürgertums. Der Anteil von Einwandererkindern unter fünf Jahren liegt deutschlandweit bereits bei fünfunddreißig Prozent. Ich sage, eine Zukunft in Wohlstand wird es in Deutschland ohne diese Kinder nicht geben. Wenn wir es aber weiter zulassen, dass sechzig Prozent der Kinder im Norden Neuköllns die Schule ohne Abschluss oder nur mit dem Hauptschulabschluss verlassen, dann werden hier keine Arbeitskräfte das künftige Bruttoinlandsprodukt stärken, sondern manifeste Hartz-IV-Gesellschaften entstehen. Ohne Bildung ist die Integration in eine hoch entwickelte Gesellschaft nicht möglich. Ohne Integration ist ein selbstbestimmtes Leben in Wohlstand unmöglich. Ohne integrierte und intelligente Fachkräfte wird die Wirtschaft die demografische Herausforderung nicht bestehen können.

Deutschland wird sich dem Wettbewerb um die klugen Köpfe dieser Welt stellen müssen. Ob es will oder nicht. Natürlich müssen wir auch die eigenen Ressourcen ausschöpfen, indem unser Bildungssystem alle fit macht, egal aus welchem Elternhaus sie stammen. Unsere Jugend alimentieren und in anderen Ländern Fachkräfte abwerben, ist ein teurer und unsolidarischer Wissenskannibalismus. Aus diesen Gründen fordere ich Kindergartenpflicht und Ganztagsschulen für alle. Allein in Neukölln wachsen jedes Jahr tausend Kinder heran, die eigentlich schon mit dem Tag ihrer Geburt die Chance auf ein selbstbestimmtes Leben verloren haben. Manchmal sind leider auch die eigenen Eltern das größte Hindernis für die Zukunft ihrer Kinder. In keinem Land Mitteleuropas sind die Herkunft und der soziale Stand der Eltern so prägend für die Zukunft der Kinder wie bei uns. Das würde ich gerne ändern.

Schönes Neukölln: Das Gutsensemble Britz

Ich glaube, dass jeder Mensch den Anspruch erheben kann, stolz auf seine Heimat sein zu dürfen. Niemand will ständig hören, dass alles nur mies ist. Die Menschen wollen sich mit den Schönheiten ihrer Heimat identifizieren. Und deshalb brauchen die Neuköllner auch ihr nettes Neukölln. Jenes Neukölln, über das so viele abfällig reden, ohne es wirklich zu kennen, muss ihnen niemand zeigen. Es gibt auch durchaus die Möglichkeit, der Tante aus Bielefeld zu sagen: „Komm, wir zeigen dir mal, was Neukölln Tolles zu bieten hat." Und da ist eben das Weltkulturerbe Britz genau der richtige Ort. Dort hört man oft

den Satz: „Ich hätte nie geglaubt, dass es so etwas in Neukölln gibt!" Wenn die Menschen nach Britz kommen, durch den Schlossgarten spazieren, eine Ausstellung besuchen oder den Gutshof erkunden, dann sagen sie immer: „Ist das toll hier. Wir kommen bestimmt wieder." Deswegen liegt mir das Britzer Ensemble besonders am Herzen. Unser altes Schloss kann sich sicherlich weder mit Schönbrunn noch mit Sanssouci messen. Dafür ist es zu klein. Aber es ist ein Stück Idylle. Mit einem hübschen Park und einem alten märkischen Dorf drum herum. Alles ist noch vorhanden, die Dorfkirche, das Haus des Schulzen, die Dorfschule, das Schloss als Herrenhaus, der Gutshof und sogar der Schornstein der Schnapsbrennerei steht noch. Unser kleiner See war einmal der Feuerlöschteich. Das ist etwas für Menschen mit wachen Augen. Schön und ausgesprochen selten. Back to the roots sagt man auf Neudeutsch.

Welchen Ursprung hatte unser heutiges von Hektik und Technik bestimmtes Leben in einem hoch industrialisierten Land eigentlich? Um Kindern diese Frage zu beantworten und Verständnis dafür zu entwickeln, dass es auch ein Leben ohne Play-Station und Flachbildschirme gegeben hat, wird im Britzer Ensemble museumspädagogische Arbeit groß geschrieben. Pro Jahr schleusen wir dort sechs- bis achttausend Kinder durch. Mal mit Begleitmaßnahmen zu den Ausstellungen oder mal auch nur mit Führungen durch das Schloss und über den Gutshof. Wir simulieren ein bisschen den Gutshofbetrieb mit Kühen, Schafen, Ziegen, Pferden, Federvieh und einer Bienenzucht. Denn wir haben Kinder, die glauben, dass die Milch aus dem Tetrapak und das Schnitzel aus der Tiefkühltruhe kommt.

Mit dem Museum Neukölln ist auch die historische Ausstellung *99 x Neukölln* in den alten Pferdestall eingezogen. Ich glaube, sie ist das Modernste an Technik und Konzeption, das es auf diesem Gebiet im Moment gibt. Indem wir Computertechnik einsetzen, die den Kindern geläufig ist, wecken wir ihr Interesse an Geschichte. Und es funktioniert. Unser Restaurant im Schloss und die Gästezimmer sind ein Ausbildungsprojekt in Zusammenarbeit mit dem Estrel-Hotel. Nicht nur, dass wir durch die Kooperation zusätzliche Ausbildungsplätze auf dem Gelände schaffen konnten. So nebenbei entstand als kleiner Geheimtipp wohl mit das beste Restaurant im Südosten Berlins. Im alten Gutsverwalter-

haus ist die Musikschule mit ihren Übungsräumen untergebracht. Wir restaurieren die Gebäude nicht, um eine gehobene Seniorenfreizeitstätte zu betreiben. Wir wollen, dass Kinder hier sind und natürlich auch ihre Eltern, halt ein Platz für Familien. Das verstehen wir unter einem Kulturstandort.

Warum ist Britz für Neukölln so wichtig und warum stecken wir hier so viel Geld hinein? Die Antwort ist simpel: Es ist die Bewahrung unserer Geschichte. Wo kommen wir her? Wenn ich heute irgendwo bin, werde ich wie folgt vorgestellt: „Hier ist der Bürgermeister des größten sozialen Brennpunktes Deutschlands." Neukölln gilt als Armenhaus der Republik – und damit werde ich assoziiert. Aber Neukölln ist mehr als die Summe seiner Probleme. Es ist ein sozial schwieriges Gebiet, gewiss, aber auch die Heimat von über dreihunderttausend Menschen.

Wir waren einmal eine eigenständige stolze preußische Stadt mit einer interessanten Historie. Turnvater Jahn hat hier mit seinen vier Fs den modernen Sport wiederbelebt. In Neukölln ist die erste Gesamtschule Deutschlands entstanden, die Musikschulbewegung, die Arbeiterabiturkurse. Bei uns sind die Perinatalmedizin und die implantierbaren Herzschrittmacher entwickelt worden. Wir haben eine eigene Oper, ein Böhmisches Dorf, die beste Las-Vegas-Show außerhalb der USA, das modernste Lkw-Logistik-Zentrum wie auch die größte Kaffeerösterei der Welt. Hier wird ein Drittel der Weltjahresproduktion an Marzipan hergestellt. Das alles sind wir. Ich will damit nur deutlich machen, dass es hier Dinge gibt, die die meisten Leute überhaupt nicht kennen. Vielleicht interessieren sie sie auch nicht. Uns Neuköllner aber schon.

Gesine Cukrowski

„Ich bin in Westberlin groß geworden, direkt mit der Mauer vor der Nase. Für uns hieß das ja auch, dass wir nicht mal eben so rausgekommen sind aus der Stadt. Die Museen – die waren und sind für mich der Blick hinaus in die Welt. Dieses vielfältige kulturelle Angebot ist es, was ich am meisten an Berlin liebe."

Gesine Cukrowski

Ob in *Das Wunder von Berlin* oder im *Tatort* – gerne wird Gesine Cukrowski in ihren Rollen als „kühle Blonde" und als „deutsche Sharon Stone" eingesetzt. Bekannt geworden ist die Berlinerin vor allem durch ihre Rolle in der ZDF-Serie *Der letzte Zeuge*, ihren Kinodurchbruch feierte sie mit dem Erfolgsthriller *Die Schläfer*. Die sozial stark engagierte Schauspielerin lebt in Berlin-Schöneberg und mag es, gemeinsam mit ihrer Tochter das Berliner Museumseldorado zu erkunden.

Deutsches Technikmuseum

Zur Königin Nofretete ins Neue Museum, eintauchen in deutsch-jüdische Geschichte oder auf zur Antikensammlung ins Alte Museum? In der Hauptstadt bergen mehr als 170 Museen wertvollste Kulturgüter und laden Interessierte zum Kennenlernen und Bestaunen ein. Die Schauspielerin Gesine Cukrowski ist seit ihrer Kindheit regelmäßig Gast im Deutschen Technikmuseum und im Ethnologischen Museum, dessen Junior-Museum sie heute auch gut mit ihrer Tochter besuchen kann.

Wir Berliner sind Kiezhocker

Die Berliner haben eine Art von Schnoddrigkeit, die oft als unfreundlich missverstanden wird. Dabei ist der Berliner einfach nur irrsinnig direkt. Und die Herzlichkeit, die zweifelsfrei da ist, kann er lediglich nicht richtig zeigen. Für mich ist es total schön, auf „waschechte" Berliner zu treffen, mit denen ich quatschen kann, wie mir der Schnabel gewachsen ist. Im Alltag und Beruf muss ich mich mächtig zusammenreißen, da ich meine Gedanken gerne in einen frechen Spruch packe und damit die Leute auch schnell mal vor den Kopf stoße. Das ist mir dann ganz unangenehm, denn böse ist das nicht gemeint. Vielleicht fehlt bei uns Berlinern ein wenig die Sensibilität. Wenn ich daran denke, welche Sprüche die Generation meiner Großeltern noch drauf hat. Herrlich! Auch wenn das ein bisschen derbe ist, ich fühl mich da total wohl.

Was ist noch typisch für die Berliner? Wer wie ich in Berlin geboren wurde und hier aufgewachsen ist, hält ziemlich an seinem Kiez fest. Es gibt Berliner, die aus dem Süden kommen, die noch nie nördlich der Siegessäule waren. Und es gibt Berliner, die aus dem Norden kommen, die noch nie im Süden waren und gar nicht wissen, was da unten so los ist. Es ist ja auch nicht notwendig. Alle Bezirke auszuchecken ist nicht das, was einen Berliner in irgendeiner Form charakterisiert. Man hat sich sein Umfeld erobert und bleibt dann da, wo man ist. Klar, ich fahre auch mal woanders hin, sozusagen punktuell. Aber es gibt etliche Gegenden in Berlin, in denen ich noch nie war und wo es für mich auch gar keinen Grund gibt, warum ich da hinfahren sollte.

Das darf man jetzt nicht missverstehen, aber ich als Urwestberlinerin würde nie in den Ostteil der Stadt ziehen. Ich fühle mich hier einfach wohler, und das hat was mit Heimat zu tun. Also damit, dass ich das einfach kenne. Dabei finde ich Ostberlin toll. Ich finde es irre, was sich da entwickelt und wie sich das Stadtbild über die Jahre verändert hat. Schöneberg war in den Achtzigerjahren hip, jetzt ist alles sehr entspannt hier. Dazu kommt, dass Schöneberg einfach die perfekte Infrastruktur hat, alles ist zu Fuß oder per Fahrrad zu erreichen. Durch die zentrale Lage bin ich schnell überall. Man bekommt spontan einen Tisch im Restaurant und es ist völlig egal, was für einen Kinderwagen man hat. Es gibt noch genug Parkplätze, und die Touristen haben Schöneberg auch noch nicht entdeckt.

Der einzige Nachteil ist tatsächlich die Kriminalität in dieser Stadt. Als ich eine Zeitlang im Tiergarten gewohnt habe, gab es allein in unserem Haus jährlich um die sechzig Einbrüche. Viermal ist uns nachts das Auto aufgebrochen und ausgeräumt worden. Das ist leider auch Berlin. Es ärgert mich regelrecht, dass sich die Kinder in der Stadt nicht einfach mit „Tür auf und raus" bewegen können. Schade, es geht ein Stückchen Freiheit verloren. Bis jetzt überwiegen für mich allerdings die Vorteile. Mein Beruf und meine Neugier haben mich zwar auch schon in andere Städte geführt. Ich habe in Basel gelebt und in L.A. Die Wohnung in Berlin hatte ich aber auch zu diesen Zeiten nie aufgegeben – sozusagen von Berlin aus hinaus in die Welt oder getreu der bekannten Liedzeile: „Ich hab noch einen Koffer in Berlin."

Der Blick hinaus in die Welt

Ich habe keine Affinität zu Technik, und auch wenn sich das jetzt etwas absurd anhört, genau deswegen liebe ich das Technikmuseum. Wenn mir jemand etwas erzählt oder beibringen will, das ich haptisch und visuell nicht vor mir habe, dann geht das zum einen Ohr rein und zum anderen wieder raus. Alles Technische ist für mich sehr abstrakt, aber im Museum kann ich es sehen und anfassen. Ich weiß noch, dass mich das Technikmuseum schon als Kind beeindruckt hat. Jetzt hab ich selbst eine Tochter und finde es natürlich toll, ihr auf diese Art und Weise Dinge näherzubringen, die mir einfach etwas ferner sind.

Ich bin in Westberlin groß geworden, direkt mit der Mauer vor der Nase. Für uns hieß das ja auch, dass wir nicht mal eben so rausgekommen sind aus der Stadt. Die Museen – die waren für mich der Blick hinaus in die Welt. Das waren die Orte, wo man etwas über Geschichte, über andere Völker oder verschiedene Lebensformen gelernt hat. Heute haben sich die Museen ja sehr verändert und weiterentwickelt und viele sind noch mehr auf Kinder zugeschnitten.

Dieses vielfältige kulturelle Angebot ist es, was ich am meisten an Berlin liebe. Auch wenn ich es natürlich nicht tagtäglich nutze. Aber ich weiß, dass es da ist. Gerade wenn man Familie und Beruf unter einen Hut bringen muss, ist es einfach praktisch, alles um die Ecke zu haben und nicht erst in die nächstgelegene Stadt für einen Kino-, Theater- oder Museumsbesuch fahren zu müssen. Ich bin kein Freund davon, Kinder bei schlechtem Wetter vor die Glotze zu setzen und das ist hier in der Stadt auch nicht notwendig.

Als ich in L.A. gelebt habe, war es für mich zum Beispiel ganz schlimm, dass es dort kein anständiges Theater gibt. Die Motivation für Schauspieler, in L.A. Theater zu spielen, ist einzig die, für Hollywood entdeckt zu werden. So sind die kleinen Theaterproduktionen, die man dort sehen kann, eigentlich verdecktes Vorsprechen. Es gibt auch einen Veranstaltungsort, an dem man Gastspiele aus der ganzen Welt zu sehen bekommt. Dort habe ich zum Beispiel Peter Zadeks *Arturo Ui* vom *Berliner Ensemble* gesehen. Meine Freunde aus L.A. waren schwer beeindruckt, so etwas hatten die noch nie gesehen. In Berlin könnten wir das jeden Abend haben, wenn wir es wollen.

Gabi Decker

„Der Berliner an sich bietet dem Komödianten ein weites Feld, um sich inspirieren zu lassen. Ich finde es zum Beispiel ganz toll, wenn ich einen Fernsehauftritt hatte, und der ist zwei Tage her, und ich gehe zum Schlachter. Und da sagt die Frau hinter der Theke zu mir: ‚Sie haben ja, also, Sie haben ja richtig unmöglich ausgesehen. Also, um die Haare rum, die hätten Sie ja mal kämmen können!' Und ich sage: ‚Sie haben ja recht.' Und bestelle mein Gehacktes. Und gehe dann raus und denke mir: Würde ich jemals zum Schlachter gehen und sagen: ‚Also, Sie sehen heut ja wieder furchtbar aus, mit Ihrer Schürze, die ist ja ganz blutig, gehen Sie sich doch mal waschen!' Die Berliner sind meine Inspirationsquelle, sie bieten mir einen Pulk an Ideen."

Gabi Decker

Messerscharfe Pointen, schonungslose Gags und abgefahrene Typen: Gabi Deckers Humor ist entlarvend, provokant und zielt auch gerne mal unter die Gürtellinie. Die deutsche Kabarettistin, Moderatorin und Sängerin lebt seit 1981 in Berlin und zog als Show- und Gagschreiberin die Strippen der deutschen Comedyszene. Seit 1994 tritt sie mit ihrem eigenen Soloprogramm auf und wird mittlerweile mit 32 verschiedenen Figuren in Verbindung gebracht. Wer kennt sie nicht – den legendären Lipsi-Schritt von Gertrud Kübel oder die erbarmungslose Politesse und Security-Chefin Roberta Hartmann! Gabi Decker ist zudem Schirmherrin der Berliner Schwulenberatung.

Der Lietzensee

Mitten im städtischen Charlottenburg kurz vor dem Internationalen Congress Centrum (ICC) liegt der 6,5 Hektar große Lietzensee mit seinen umliegenden Parkanlagen und Mietshäusern. Seit 1904 ist der See durch einen aufgeschütteten Damm in zwei Teile getrennt, die aber durch eine Unterführung miteinander verbunden sind. Wie von Gabi Decker wird der See durch seine zentrale Stadtlage gerne für den Spaziergang zwischendurch genutzt. Der Lietzensee ist der nördlichste See der Grunewaldseenkette, die sich durch die Berliner Bezirke Charlottenburg-Wilmersdorf und Steglitz-Zehlendorf zieht.

Der Lebensort Vielfalt:

Berlin ist wie ein bunt gefüllter Topf an Möglichkeiten, für Jung und Alt! Vom Wellnessbad übers Kino zum Tanztee, es gibt nichts, was es nicht gibt in dieser Stadt. Ich mache mir viel Gedanken über alte Menschen und frage mich, warum sie oft im Alter so wenige Freunde haben oder abbauen. Viele sagen: „Ich brauche nichts mehr, das will ich nicht mehr." Sie wollen sich nicht mehr rumärgern. Und dann bleiben sie allein, weil sie auch in den Freundschaften nicht mehr so kompromissbereit sind wie wir Jüngeren. Dabei bieten gerade Großstädte sehr viel, sodass ältere Menschen nicht allein zu Hause sitzen müssten. Ich liebe auch die Multikultistimmung in Berlin und diese Durchmischung von Jung und Alt. Da kann man doch was draus machen.

Es ist doch so: Die eine Sorte Mensch geht raus und will Spaß und die andere war schon immer ein bisschen verknuspert und will wenig Kontakt. Ich war neulich nachts im *Café Keese*. Da waren alle über sechzig, alle gestylt, die Männer mit gefärbten Haaren. Die Frauen in den besten Wechseljahren. Und die Tanzfläche rappelvoll. Bei jedem Lied. Die „älteren" Leute dort hatten riesigen Spaß, das hat mich glücklich gemacht. Und das ist jeden Tag möglich in Berlin. Auch in *Clärchens Ballhaus* im Ostteil der Stadt. Alles ist möglich, es liegt an einem selber, wie man der Welt begegnet. Hier in dieser Stadt muss niemand einsam sein. Keiner. Ach, die alten Leute hocken mir viel zu viel zu Hause. Die würde ich alle gerne mal aufrütteln. Geht in die Krankenhäuser, guckt euch ehrenamtlich um, geht in die Hospize, lasst euch schulen. Oder geht in die Altenheime, schmiert denen abends die Brötchen.

Ich wollte schon als Kind ein Altenheim aufmachen. Als ich dann vor wenigen Jahren gefragt wurde, ob ich nicht Schirmherrin des Projekts *Lebensort Vielfalt* werden wolle, wusste ich: Das ist es! Hier kann ich meinen Traum verwirklichen und helfen, ein würdiges Altenheim für alte schwule Männer mit aufbauen. Ich finde es besonders reizvoll, dass ein lange leer stehendes Kinderheim in Charlottenburg umgebaut wird. Dort werden nicht nur HIV-Erkrankte betreut, es gibt auch Therapieräume für alkohol- und drogenkranke junge Schwule, Wohngruppen für alte Schwule und es wird die erste Alzheimer-WG Europas für schwule Männer

Würdevoll und schwul altern in Berlin

geben. Außerdem gibt es dort Hilfe für Kids, die durch ihr Coming-out Probleme haben. Also wenn ein Vierzehnjähriger zu Hause sagt: „Papa, ich bin schwul" und Papa sagt: „Da ist die Tür. Da gehst du raus und da kommst du auch nicht wieder rein", dann wird er in den Räumlichkeiten der Schwulenberatung, die in der ersten Etage Einzug hält, immer Einlass finden und unterstützt. Zum Beispiel darin, einen Ausbildungsplatz oder eine betreute Wohngemeinschaft zu finden. Alles ist bunt und vielfältig – wie die Stadt Berlin.

Lebensort Vielfalt bedeutet für mich, dass dort alles möglich ist, alles kann, nichts muss. Wir haben im Gebäude einen großen Saal, in dem Lesungen und Auftritte stattfinden können. Dort kann man auch mal für hundert Menschen ein Eisbeinessen machen. Oder die Bewohner des Hauses kochen zusammen und servieren sich die Gerichte gegenseitig. Dieser *Lebensort Vielfalt* ist ja auch für uns ein Abenteuer, eine Reise, die es zu gestalten gilt. Wir sind ein Pilotprojekt und passen erst einmal auf, ob die Leute, die dort einziehen, unsere Angebote überhaupt annehmen wollen.

Viele fragen mich, warum ich mich so für dieses Altenheim engagiere. Alte schwule Männer werden in „normalen" Heimen diskriminiert. Teils auch, weil sie keine Familie haben, die zu Besuch kommt. Ich nenne das ganze Projekt „Beschütztes Wohnen", das trifft es eigentlich. Mein Wunsch ist es, dass wir ein Haus nach dem Motto „Einer für alle und alle für einen" schaffen. Dass in dieses Haus Leute einziehen, die mit dem Herzen dabei sind, eben einfach Menschen sind.

Mit dem Projekt *Lebensort Vielfalt* erfülle ich mir einen Lebenstraum und hoffe, meine positive Energie für etwas einsetzen zu können, das mir schon immer am Herzen lag. Positive Anstöße zu geben, wie Menschen mit ihrem Alter umgehen, wie Menschen gesund bleiben, indem sie erfüllt und würdevoll altern können. Der *Lebensort Vielfalt* kann zu einem Stück Glück im Alter werden. In Berlin wird es ganz sicher ein Stück sozialer, wenn es jetzt eine Möglichkeit für respektvolles Altern für Homosexuelle gibt.

Der Lietzensee: Meine Quelle der Inspiration

Ich schreibe fast täglich irgendwas. Entweder einen Gag oder eine Geschichte oder an meiner Biografie. Doch manchmal fällt mir einfach nichts ein. Und auch im Haus ist nichts zu machen. Ich habe auch keine Lust zu nähen, was zu malen oder etwas mit der Bohrmaschine anzubringen. Ist dieser Moment gekommen, wird es höchste Zeit zu sagen: „Jetzt ist Baustopp." Und dann gehe ich einfach an den Lietzensee, der bei mir um die Ecke liegt. Ich kann es selbst oft nicht glauben, aber dieser See mitten in der Stadt ist so naturbelassen. Da ist nichts bearbeitet, nichts betoniert und es gibt viele Bänke zum Abschweifen, Träumen und Ausruhen. Hier gibt es keine Bootsvermietung, der Lietzensee ist einfach ein ruhiger See mitten in der großen Stadt, der im Winter und im Sommer schön ist. Weil der Park um den Lietzensee selten überfüllt ist und auf seine eigene Art leer wirkt, werde ich wieder voll, hier kommen die Einfälle zu mir zurück. Still, wie in einer anderen Welt. Ich nehme dann auch nix mit. Handy ist ja sowieso nur ein Service, den ich einrich-

te, wenn ich das will. Ich kann unglaublich schlecht damit umgehen, wenn mir nichts einfällt. Ich bin Tag und Nacht kreativ, für mich oder für andere Leute und für unterschiedliche Projekte. Nach einem Spaziergang am Lietzensee fällt mir immer wieder was ein und dann gehe ich zufrieden nach Hause.

Ich glaube, dass ich so an diesem Stück Natur in der Stadt hänge, liegt auch daran, dass ich ein Naturkind bin, aufgewachsen in einem Dreihundertachtzig-Seelen-Dorf in der Nähe der Lüneburger Heide. Trotzdem liebe ich Berlin. Gemäß dem Motto: „Alles kann, nichts muss." Viele Menschen ziehen sich im Alter wieder aufs Land zurück. Sie meinen, einen bunten Herbst, den lauen Frühling, den plätschernden Bach nur auf dem Land erleben zu können. Sie möchten den Straßenlärm nicht mehr und die Kriminalität schon gar nicht. Ich hatte wegen meiner dörflichen Vergangenheit immer eine Wohnung mit Garten gemietet. Deshalb werde ich gerne in der Stadt alt und verrückt.

Paul van Dyk

„Berlin hat den großen Vorteil, dass es erst vor zwanzig Jahren angefangen hat, sich zur großen Metropole zu entwickeln. Berlin hat alle Chancen der Welt. Hier ist alles, von überall her kommen die Leute und es ist einfach eine supertolle, positive Stadt. Wir müssen künftig nur aufpassen, dass alle anderen Städte ringsherum ein Stück weiter hinter uns stehen."

Paul van Dyk

Als bekanntester und erfolgreichster DJ der Welt legt Paul van Dyk rund um den Globus auf. Seine Heimatstadt nutzt er als Ruhepol. Lang ist die Liste seiner Aktivitäten und Preise. So erhielt Paul van Dyk für sein großes Engagement 2006 eine der wichtigsten Auszeichnungen der Stadt: den Verdienstorden des Landes Berlin. Anlässlich des 20. Jahrestages des Falls der Berliner Mauer durfte er den Song *We Are One* komponieren und vortragen.

Reitgelände am Olympiastadion

Wegen seiner idyllischen Umgebung gehört das südwestlich vom Berliner Olympiastadion gelegene Reiterstadion zu den schönsten Anlagen Europas. 1934 als Pferderennbahn angelegt, umfasst das Gelände heute Sprunggarten, Wall, einen langgezogenen Wassergraben, Stallungen und eine überdachte Tribüne mit 1 200 Sitzplätzen. Auf zwei Dressurplätzen und in den beiden Reithallen trainieren auch die modernen Fünfkämpfer des Berliner Landesleistungszentrums. Reitfans wie Paul van Dyk haben hier direkten Anschluss zum Naturraum der Havel und des Grunewalds.

Ein musikalischer Urknall aus Berlin

Berlin ist für mich im positiven Sinne provinziell. Auf der einen Seite hat man zu hundert Prozent die Möglichkeit, individuell sein Ding zu machen, gleichzeitig hat man aber auch immer eine große Gemeinde um sich herum. Ich habe den Eindruck, dass in Berlin keiner so wirklich durchs soziale Netz fallen kann. Denn letztendlich guckt dann doch irgendeiner hin. Berlin ist nicht die eiskalte Metropole. Berlin ist ein großes Dorf, ein Weltdorf.

Als ich gefragt wurde, ob ich eine Hymne zum zwanzigsten Jahrestag des Mauerfalls komponiere, hab ich das als eine unglaublich große Ehre empfunden. Die Ereignisse vor zwanzig Jahren berühren mich noch heute ganz persönlich. Daher investierte ich in dieses Projekt sehr viel Emotionen und Zeit. Für mich ging es im Text der Hymne auch um eine Honorierung von Demokratie und darum, das System weiter zu verbessern. Zu verbessern in dem Sinne, dass sich die Menschen immer wieder einbringen. Im Kleinen hieße das, dass man hingeht und hilft, wenn man merkt, dass in der Nachbarschaft etwas nicht stimmt. Ich habe das Gefühl, dass in den Berliner Kiezen die Nachbarschaftshilfe und die nachbarschaftliche Awareness funktionieren.

Spannend für mich sind ja vor allem die Prozesse, die sich im Laufe der Jahre in der elektronischen Musikszene entwickelt haben. Vor dem Mauerfall war es für die Künstler aus aller Welt total angesagt, in diesem Biotop Westberlin zu sein. Als die Mauer weg war, gab es plötzlich diese riesige Subkultur. Die immer weiter gewachsen ist. Die auch wiederum Leute hierher gezogen hat. Bei den jungen Ostberlinern hatte sich ja unglaublich viel angestaut. Wir konnten eben nicht so feiern, wie wir es gerne getan hätten. Die Wiedervereinigung innerhalb der elektronischen Musikszene war durch die glückliche Verbindung zwischen dem Know-how aus dem Wes-

ten und der Energie aus dem Osten sofort da. Dazu kam, dass es in Ostberlin viele tolle Hallen gab, die einfach leer standen. Und da der administrative Bereich die Wiedervereinigung nicht so schnell vollzog, fühlte sich auch keiner richtig zuständig. Die Berliner haben dann eben einfach eine Anlage reingestellt und einen Club draus gemacht. Und dieser Freiraum hat zu einer Art Explosion geführt – es war dieser Urknall aus Berlin, der für das Entstehen einer einzigartigen globalen Musikkultur gesorgt hat.

Heute ist es aufgrund der Vernetzung gar nicht mehr so wichtig, ob du in Kalkutta, London oder Berlin wohnst. Wenn man einen tollen Track gemacht hat, dann kann man den über das soziale Netzwerk ganz schnell an den Mann bringen. Und wenn man dann das Glück hat, dass einer der Top-DJs den Track spielt, dann ist das schnell weltweit ein Clubhit. Für mich persönlich ist es immer eine Herausforderung, in Berlin zu spielen. In anderen Städten komme ich oft mit Vorschusslorbeeren an und muss schon richtig danebenliegen, dass die Leute das doof finden. In Berlin sagt das Publikum: „Okay, den Paul finden wir ganz gut, aber jetzt soll er erst mal loslegen." Diese Gleichgültigkeit dem Starstatus gegenüber hat auf mich einen positiven Effekt.

Ich glaube, heute gibt es auf so einem relativ kleinen Raum wie Berlin kaum irgendwo sonst so viel geballte Kreativität. Dennoch habe ich oftmals das Gefühl, dass die Vision dabei fehlt. Und auch das Wissen, wie diese Vision umzusetzen wäre. Es ist nach wie vor so, dass die meisten Produktionen, die in Berlin entstehen, irgendwo anders gemastert werden. Trotzdem und gerade deswegen muss Berlin wach bleiben. Den Status quo zu akzeptieren, wäre immer Stillstand.

Oase Pferdestall

Visionen und Inspiration – diese beiden Dinge spielen in meinem Leben eine wichtige Rolle. Durch das permanente Unterwegssein prasseln natürlich viele Eindrücke auf mich ein, die ich als Inspiration für meine Musik nutze. Um meine Ideen allerdings auch umzusetzen, ist Ruhe ein ganz wichtiges Element. Innehalten, sich das *WIE* anschauen und sich die Zeit nehmen, zurückzublicken, auch um aus Fehlern zu lernen.

Mein Ruhepol in Berlin ist die Reitsportanlage auf dem Olympiagelände. Das ist für mich ein ganz wichtiger Platz, weil ich eben genau dort den Ausgleich zu meinem sonstigen Leben finde. Ich bin immer in Tonstudios, ich bin immer in irgendwelchen Radiosendern, ich bin im Büro oder wenn ich auf Tour bin, in Restaurants oder in Cafés. Dort am Stall ist eine ganz andere Welt.

Meine Frau ist als kleines Mädchen viel geritten und wollte das später immer wieder aufgreifen. Wir haben uns dann einfach mal hingesetzt und überlegt, wie wir das realisieren können. Und jetzt haben wir eigene Pferde. Dabei hatte ich am Anfang überhaupt keinen Bezug zu Pferden. Ich hab das quasi lernen müssen und dann gemerkt, dass diese Tiere die kleinsten Nuancen der Stimmung wahrnehmen. Wenn ich mal nicht gut drauf bin, merken das die Pferde. Und reagieren sofort. Mir bleibt also gar nichts anderes übrig, als am Stall völlig abzuschalten. Sonst geht das voll daneben, denn Pferde sind unglaublich feinfühlig.

Dabei bin ich gar kein großer Reiter. Ich sage immer: „Ich sitze halt so drauf." Aber ich habe mich auf die Pferde einlassen müssen, sonst wäre ich wahrscheinlich plump heruntergefallen. Weil ein Pferd so groß ist, hat man ja das Gefühl, dass es die Gleichgültigkeit in Person ist. Es gab einmal eine Art Schlüsselerlebnis, wo sich eines unserer Pferde von hinten angenähert hat und einfach den Kopf über meine Schulter gelegt hat. Das war wie ein Bonding zwischen uns. Plötzlich hab ich viel mehr von dem Wesen Pferd verstanden.

Mein Wohnort Grunewald und diese riesige Parkanlage mit dem Reitgelände rund ums Olympiastadion sind keine zehn Minuten vom Ku'damm entfernt und trotzdem habe ich das Gefühl, ganz woanders, weit draußen zu sein. Das macht Berlin letztendlich für mich aus. Faszinierend, all diese unterschiedlichen Facetten. Da gehört auch so ein Stall mitten in der Stadt dazu. Gerade weil ich permanent Vollgas gebe, ist das ruhige, grüne Wohnen total wichtig. Das scheint vielen Kreativen so zu gehen, denn gerade was die Bewohnerstruktur betrifft, hat sich Grunewald in den letzten fünf Jahren enorm verändert. Wir haben um uns herum ganz viele Leute, die den ganzen Tag im Prenzlauer Berg in ihrer Fabriketage richtig Gas geben, dann aber auch abends die Ruhe dort draußen wollen. Klar gibt es dort noch das alte, gewachsene Westberlin. Aber auch viele neue Macher, Leute mit Ideen, die kreativ sind und – wie auch ich hier – wieder auftanken.

Gregor Gysi

„Berlin war immer die Aneinanderreihung vieler kleiner Städte. Aber jetzt wird Berlin zur Metropole. Die Jugend erobert sich unsere Stadt neu. Und wir alten Ost- und Westberliner schauen da staunend zu."

Gregor Gysi

Gregor Gysi wirkte seit 1989 maßgeblich an der Umgestaltung der SED zur PDS mit und verhalf als Parteivorsitzender und Vorsitzender der PDS-Bundestagsfraktion der sozialistischen Partei zu einem anerkannten Platz in der deutschen Parteienlandschaft. Im Jahre 2002 erhielt Gregor Gysi mit der Ernennung zum Berliner Senator für Wirtschaft, Arbeit und Frauen einen Spitzenposten im Land Berlin; seit 2005 ist er Fraktionsvorsitzender der Linksfraktion im Bundestag. Geboren wurde der Rechtsanwalt 1948 in Berlin als Sohn eines kommunistischen Parteifunktionärs und DDR-Politikers.

Das Rathaus Köpenick

Im Zentrum der Altstadt von Köpenick steht der neugotische Backsteinbau des alten Rathauses, das in den Jahren 1901 bis 1904 errichtet wurde. Der 54 Meter hohe Turm und die märkische Backsteinfassade machen das Rathaus zum Wahrzeichen Köpenicks. In den großen Gewölberäumen im Untergeschoss finden im Ratskeller Jazz-Veranstaltungen statt, die im Sommer auch im historischen Hofgarten abgehalten werden. Bekannt wurde das Rathaus von Köpenick auch durch den tragikomischen Husarenstreich, mit dem der vorbestrafte Schuster Wilhelm Voigt als *Hauptmann von Köpenick* in Geschichte und Literatur einging.

Unanstrengend herausfordernd

Wenn ich nur einen Gedanken zu Berlin formulieren könnte, würde ich sagen: Berlin war immer die Aneinanderreihung vieler kleiner Städte. Aber jetzt wird Berlin zur Metropole. Berlin war als Zentrum für Kultur, für Kunst und für die Wissenschaft eigentlich nur in den Zwanzigerjahren eine funktionierende Hauptstadt. Dann kam die Nazidiktatur, später die Spaltung der Stadt. Und nach der Wende wurde meiner Meinung nach eine einzigartige Chance vertan, denn Berlin ist die einzige Stadt in Europa, die jahrelang zugleich West- und Osteuropa war. Zum Zeitpunkt der Einheit hatten wir im Ostteil also lauter Ingenieure, Verantwortliche der Wirtschaft, die sprachen russisch, rumänisch, bulgarisch oder tschechisch, und das Netzwerk stand. Und wir hatten lauter Ingenieure und Leiter von Wirtschaftsunternehmen, die sprachen englisch, französisch, spanisch oder portugiesisch und hatten Kontakte in die entsprechenden Länder. Es gab nur diese Stadt, die hervorragend geeignet war, der Sitz von allen Konzernvertretungen zu sein, die nur einen Sitz in Europa suchten, aber mit ganz Europa Handel betreiben. Aber der Senat hat es damals nicht geschafft, diesen Umstand zu nutzen.

Heute hat Berlin wieder die Chance, wirklich Hauptstadt zu werden. Und obwohl noch keine Maschine von Tokio nach Berlin fliegt, kommen die Touristen trotzdem, nach und nach werden es mehr. Wir alten Ost- und Westberliner schauen staunend zu, wie sich die Jugend die Stadt erobert. Gehen wir eingesessenen Berliner in die *O₂ World*? Ich hab da meine Zweifel. Ich war einmal drin und meine Tochter fand es schick. Die Jugend, die will zu solchen Orten, und mittlerweile gibt es davon viele. Berlin hat sich verändert und geizt nicht mit Reizen. Der Wandel zeigt sich auch an der Regierungsspitze dieser Stadt. Der Wechsel von Eberhard Diepgen zu Klaus Wowe-

reit war der Übergang von einem gewissen Provinzialismus hin zu einer Metropolenstadt. Es war auch der Ausdruck einer gewachsenen Toleranz, dass die Leute Klaus Wowereit in dem Wissen darum, dass er schwul ist, gewählt haben.

Berlin unterscheidet sich von anderen deutschen Städten in einem wichtigen Punkt: In Berlin kommt es zu einem Aufeinandertreffen aller sozialen Schichten, während sonst die unterschiedlichen sozialen Schichten eher getrennt leben, sich kaum in der Stadt begegnen. Natürlich wohnt auch in Berlin jeder nach seinen Möglichkeiten, aber im Zentrum treffen sie sich alle. Es gibt eine schöne Regelung vom Senat. Es wurde festgelegt, dass in allen Theatern und Opernhäusern immer eine Stunde vor Vorstellungsbeginn die noch nicht verkauften Karten für drei Euro an ALG-II-Bezieher, an Grundsicherungsrentner und andere Bedürftige, die einen sogenannten Berlinpass haben, verkauft werden. Das hat etwas. Im ersten Rang der Staatsoper könnten also drei sitzen, die haben je einhundertsechzig Euro bezahlt und daneben sitzen drei, die haben je drei Euro bezahlt. Daran stört sich niemand. Das ist Berlin.

Dann hat Berlin einen eigenen Humor. Es gibt einen Zwist zwischen Klaus Wowereit und mir: Er sagt: „Wir müssen eine Dienstleistungsstadt werden" und ich erwidere darauf: „Da musst du aber die Bevölkerung austauschen." Denn wenn es eine Bevölkerung gibt, die zu Dienstleistungen wenig in der Lage ist, dann sind wir es – die Berliner. Aber das tut meiner Liebe zu dieser Stadt keinen Abbruch: Ich habe mein ganzes Leben in Berlin gewohnt und schau mir auch gerne andere Städte an. Aber leben will ich nur in Berlin. Ich finde diese Stadt reizvoll. Und immer wieder unanstrengend herausfordernd.

Ich habe aber noch jede Menge Wünsche an diese Stadt! Zum einen möchte ich, dass wir ausgesprochen tolerant werden gegenüber allen Ausländern. Ich möchte, dass wir eine würdige Hauptstadt sind. Das ist mir wichtig, das heißt, wir brauchen eine vernünftige Integration von Menschen mit Migrationshintergrund. Da muss man mehr anbieten, als das bisher der Fall war. Und ich würde mir wünschen, die Armut in dieser Stadt zu überwinden. Drittens möchte ich, dass wir ein top Kulturstandort bleiben, und es sieht so aus, als ob das auch gelingt. Und letztlich müssen wir Chancengleichheit für unsere Kinder in der Bildung herstellen und garantieren.

Das Rathaus Köpenick:
Bescheiden, nicht zu groß und wunderschön

Das Rathaus von Köpenick ist ein sehr schönes Gebäude mit einem fantastischen Innenplatz, auf dem auch Hoffeste gefeiert werden. Zwischen all den kleinen Läden und kleinen Straßen steht das Rathaus mitten im Zentrum von Köpenick und ist das Symbol des Kiezes: bescheiden, nicht zu groß und wunderschön. Köpenick mit seinem Rathaus ist Ausdruck für ein eigenständiges Selbstverständnis innerhalb Berlins. Das betrifft den Kiez und die Geschichte und dazu gehört natürlich auch die Geschichte vom *Hauptmann von Köpenick*, von der jetzt noch die Bronzestatue vor dem Rathaus zeugt. Wenn man in die Geschichte eintaucht, sieht man, dass auch heute noch viele Parallelen existieren. Es war ja so, dass der Hauptmann von Köpenick keine Arbeit bekam, weil er keinen legalen Wohnsitz hatte, und diesen nicht bekam, weil er das erste nicht hatte. Aber dann hat er einfach den Untertanengeist für seine Zwecke genutzt ...

Mit dem Rathaus Köpenick zeigen sich der Stolz und das Kiezbewusstsein in voller Stärke. Köpenicker sind eben erst mal Köpenicker und erst in zweiter Linie sind sie auch Berliner. Ich glaube, es gibt immer noch welche, die, wenn sie zum Alex fahren, meinen, sie fahren in die Stadt. Als Köpenick seinen achthundertsten Geburtstag hatte, kam der Präsident des Abgeordnetenhauses von Berlin, Walter Momper, um die Grüße der jüngeren Nachbarstadt Berlin zu überbringen. Das Rathaus von Köpenick steht also für ganz vieles, das ich mit dem Bezirk verbinde. Für mich hatte Köpenick schon in der Kindheit eine besondere Relevanz und deshalb empfinde ich es als sehr angenehm, dass es zu meinem Wahlkreis gehört.

Treptow-Köpenick ist ein Bezirk mit Widersprüchen. In meiner Arbeit stellt mich das vor viele Herausforderungen. Hier leben viele Arbeitslose, viele Hartz-IV-Empfänger, aber auch wohlhabende Leute – mit ihren Häusern direkt am Wasser. Es gibt noch ein paar richtige Werke, durch die Standorte Adlershof, Schöneweide und Wuhlheide, viele wissenschaftlich orientierte Bereiche und diese fantastische, aufmüpfige Fußballmannschaft mit ihren aufmüpfigen Fans, den 1. FC Union. In diesem Bezirk sitzen leider der Bundesvorstand der NPD, aber auch eine ausgeprägte linke Szene. Es gibt keinen Widerspruch in der Stadt, der in Treptow-Köpenick nicht existiert. Und wir haben den Müggelsee. Die Spree und die Dahme fließen hier zusammen und wir haben eine fantastische Waldgegend, wie das in großen Städten nur sehr selten vorkommt.

Dunja Hayali

„Ich weiß nicht, ob ich ewig in Berlin wohnen werde. Ich weiß nicht, wo ich nächstes Jahr bin. Aber einmal in Kreuzberg gelebt zu haben, hat mein Leben bereichert."

Dunja Hayali

Dunja Hayali, geboren 1974 in Datteln in Nordrhein-Westfalen, ist Fernsehmoderatorin irakischer Abstammung. Bis Mitte 2010 stand sie bei den *heute-Nachrichten* und beim *heute-journal* vor der Kamera, seit Oktober 2010 ist sie die Hauptmoderatorin des ZDF-*morgenmagazins*. Ihre Leidenschaft ist das Wellenreiten, ihr Herz gehört ihrem Golden Retriever Emma und in Kreuzberg findet die ehemalige Sportreporterin (fast) alles, was sie zum Leben braucht.

Die Oberbaumbrücke

Eine der schönsten Berliner Brücken ist die Oberbaumbrücke. Das Tragwerk für die Gleise im Hochparterre wurde architektonisch verkleidet und mit figürlichem Schmuck versehen. Pures Berlin-Feeling kommt bei der Sicht – von der *O₂ World* bis zum Fernsehturm und auf der anderen Seite nach Treptow – auf. Erbaut 1896, ist die Oberbaumbrücke bis heute die pulsierende Ader zwischen Kreuzberg und Friedrichshain, auf der auch morgens um vier zwischen Café und Club gependelt wird.

Große Liebe Kreuzberg

Wenn ich nicht muss, bewege ich mich aus Kreuzberg so gut wie nicht heraus. Warum auch, ich habe hier alles, was ich brauche. Deshalb sage ich auch immer, Kreuzberg ist (m)ein Dorf – aber natürlich nicht, was die Einflüsse oder die Wandelbarkeit des Bezirkes betrifft. Kreuzberg ist ganz einfach mein Kiez, meine Heimat, hier fühle ich mich wohl. Außerdem interessiert es hier niemanden, was du machst, sondern nur, wie du tickst. Alles scheint klein und überschaubar in Kreuzberg. Man trifft oft dieselben Leute, man nickt sich zu, auch wenn man sich nicht kennt – so viel zum Thema Großstadt. Sicher, ich muss auch mal nach Mitte, weil ich dort arbeite, und es gibt dort die eine oder andere Ausstellung und Konzerte, die mich interessieren, aber ansonsten hält sich mein Bewegungsradius in Grenzen. Ob Berlin groß ist oder nicht, muss jeder für sich entscheiden und erleben. Für mich ist Berlin weit weg von allem anderen, aber überschaubar, weil ich die Stadt für mich eingegrenzt habe. Sehr zum Leid meiner Freunde in Mitte.

Kreuzberg ist anders als alles, was ich bisher in Deutschland gesehen habe. Man hätte mich hier aussetzen können und ich hätte nicht sagen können, in welchem Land ich bin. Kreuzberg ist bunt, vielfältig und abwechslungsreich. Das heißt allerdings auch, dass hier einiges im Wandel ist und das hat wiederum seine Vor- und Nachteile. Zu viel Neues tut einem Kiez einfach nicht gut, aber ab und an mal ein neues Café an einer Ecke, die man vorher noch nicht wahrgenommen hat, kann ja in Maßen auch was Schönes sein. Und wie gut, dass es zum Ausgleich verlässliche Bars wie zum Beispiel das *Myslivska* gibt, das gefühlt schon seit hundert Jahren existiert. Es gefällt mir, durch den Kiez zu gehen, Falafel oder Döner zu kaufen und hier und da arabisch zu sprechen. Und drei Ecken weiter kann ich dann meine wenigen Brocken Spanisch anbringen. Hier lebt ganz einfach ein bunter Haufen unterschiedlichster Nationalitäten mit ganz verschiedenen kulturellen Einflüssen zumeist friedlich zusammen – gelebte Vielfalt nennt man das ja heutzutage. Und das spürt man an jeder Ecke, auf jeder Party oder in jeder Kneipe. Es macht mir einfach Spaß, in diesem Viertel zu leben, weil nichts festgelegt oder vordefiniert ist.

Mich frei zu bewegen genieße ich so sehr, dass es mir gar nicht auffällt, dass das nicht überall selbstverständlich ist. Hier in Berlin denke ich auch nicht darüber nach, wenn ich mit meiner Freundin Hand in Hand durch die Straßen gehe. Wir werden eigentlich nie komisch angeschaut, auch nicht von türkischen Männern. Oder sie lassen es uns nicht

spüren, was ja auch ein Schritt in Richtung Toleranz wäre. Ist doch schön – Freiheit, Individualität, Selbstbestimmung, all das kannst du hier haben.

Jeder findet in dieser Stadt seine Ecke oder Nische. Das gefällt mir und passt auch zu mir – leben und leben lassen. Es ist nicht entscheidend, was du bist, sondern wer du bist und wie du dich verhältst. Klar, mit meinem Job geht eine gewisse Popularität einher, das heißt, dass Leute mich erkennen – in Mitte allerdings eher als in Kreuzberg. Als ich beim ZDF angefangen habe, habe ich mir darüber keine Gedanken gemacht. Für mich war klar: Ich mach mein Ding, lebe mein Leben und bin, wie ich bin. Aber natürlich war es eine Umstellung. Das fängt schon damit an, dass plötzlich meine Meinung eine Meinung von Interesse ist. Aber es gibt etwas, was mich auf ganz normale Weise „schützt": Ich trage privat andere Klamotten als im Job, und wenn ich im Sommer mit T-Shirt durch die Straßen spaziere, dann sieht man auch noch meine Tätowierungen, und spätestens dann denken die Leute: „Ach, das ist die nicht. Das kann die nicht sein!" Ich bin halt Zwilling – zwei Gesichter: Jeans, T-Shirt, Chucks und Lederjacke, aber eben auch die Frau im Anzug. Das bin ich. Ganz einfach.

Es ist für mich das A und O – und wird es hoffentlich auch immer sein –, authentisch zu bleiben. Das fesselt mich auch so an diesem Kiez, denn Kreuzberg ist ziemlich authentisch und vor allen Dingen unangepasst. Und die Freiheit, die Kreuzberg mir gibt, die tut gut, und das Gefühl nehme ich mit in die Arbeit. Wie anstrengend wäre es, sich immer eine Fassade aufzubauen und sich ständig anzupassen. Manchmal geht es allerdings auch mit mir durch und bei Interviews mit Politikern rutscht mir schon mal was raus, was vielleicht zu authentisch ist. Aber bis jetzt hat sich noch keiner beschwert, im Gegenteil.

Ich glaube, viele Leute haben von Kreuzberg ein Bild im Kopf, das so gar nicht existiert. Die einen denken nur an die linke Hausbesetzerszene, an die Randale am 1. Mai, die anderen an eine Flut von Ausländern. Aber wenn man hier durch die Wrangelstraße geht, stellt man relativ schnell fest, dass es ein ganz normaler Kiez ist, der mit den unterschiedlichen kulturellen Einflüssen gewachsen ist. Der nicht künstlich erschaffen wurde. Und das spürt man hier. Die Leute sollen einfach herkommen und sich ein eigenes Bild machen. Ach quatsch, ich hab eigentlich gar keine Lust, jemanden von Kreuzberg zu überzeugen, sonst wird's noch voller …

Viel Berlin an einem Ort

Die Oberbaumbrücke ist für mich ein „historischer" Knotenpunkt – hier laufen einfach viele Dinge zusammen, die ich an Berlin mag. Vor gar nicht allzu langer Zeit war diese Brücke noch ein Grenzübergang zwischen Ost und West, man konnte nicht einfach über sie spazieren und in die Ferne blicken. Heute schon, zum Glück. Ist es nicht toll, dass man von dieser Brücke aus bis zum Fernsehturm schauen kann? – Der auf mich ja ebenfalls eine magische Anziehungskraft ausübt. Ich pendle jobbedingt ständig zwischen Mainz und Berlin, und wenn ich über die Avus fahre und dann endlich den Fernsehturm sehe, dann denke ich: „Gleich, gleich bist du zu Hause!" Das fühlt sich gut an. Ich trage ihn sogar an meiner Halskette. Hört sich vielleicht komisch an, aber ich kann es nicht besser erklären: Der Fernsehturm und die Oberbaumbrücke lösen bei mir ganz einfach ein starkes Gefühl aus. Vielleicht auch, weil man seinen Blick und seine Gedanken in die Ferne schweifen lassen kann. Ich ertappe mich manchmal dabei, wie ich mich in so einem Blick verliere.

Auf der anderen Seite der Brücke sieht man den *Molecule Man*. Die drei dreißig Meter hohen Männer symbolisieren das Zusammentreffen, die Verbindung von Treptow, Kreuzberg und Friedrichshain. Für mich bedeuten sie noch sehr viel mehr. Ich sehe unterschiedliche Menschen, die sich treffen, ganz nah zusammenkommen, vom Wasser getragen werden und damit wieder etwas gemeinsam haben. Bewegung, Dynamik, Veränderung – alles fließt. Das Leben fließt. Das fasziniert mich, vielleicht auch, weil Wasser mein Element ist.

Ich gehe jeden zweiten Abend mit Emma joggen. Der Hund muss bewegt werden, und dass ich mich bewege, kann ja auch nicht schaden. Der Körper arbeitet, der ganze Stress geht raus und der Kopf wird frei. Reisen beflügelt, Bewegung auch, und Kreuzberg ist perfekt dafür. Ich muss mich nicht ins Auto setzen, um irgendwohin zu fahren, wo ich joggen kann. Ich wohne fast direkt an der Spree. An der laufe ich entlang, ab in den Treptower Park und wenn ich es schaffe, hinein in den Plänterwald. Der Rückweg geschieht manchmal wie in Trance. Im Abendrot der Stadt schweift der Blick immer wieder aufs Wasser, hin zur Oberbaumbrücke und noch weiter bis zum Fernsehturm. Da kann man sich fast verlieren, fast eins werden mit der Stadt. Huch, wie kitschig … aber irgendwie wahr.

Stefan Kretzschmar

„Ich brauche einmal die Woche meine Dosis Berlin, meinen Ort, um abzutauchen, mich zurückzuziehen. Meine besten Freunde leben alle hier, ich gehe abends gerne Essen, in ein gutes Konzert ... Berlin pustet mir den Kopf frei und ich sammle Energien für den Alltag in Magdeburg und für meine Familie."

Stefan Kretzschmar

In 218 Länderspielen 821 Tore, Silber bei der EM, WM und bei Olympia, der Ex von Franzi van Almsick, Handball-Punk, Geschäftsmann und heute Vater von zwei Kindern – Stefan Kretzschmar hat viele Facetten. Er hat dem deutschen Handball wie kein anderer vor ihm ein Gesicht gegeben – und auch nach seinem Karriereende 2007 ist „Kretzsche" weiter präsent. Erst als Sportdirektor beim SC Magdeburg, dann als Buchautor und jetzt als Handballexperte bei Sport1.

Sportforum Hohenschönhausen

Das Sportforum Hohenschönhausen liegt im Berliner Bezirk Lichtenberg und beherbergt auf dem 55 Hektar großen Areal verschiedene sportliche Anlagen und Einrichtungen. Stefan Kretzschmar verbrachte zur Blütezeit des Sportforums sechs Jahre an der elitären Ost-Sportschule, verdankt Europas größtem Sport- und Trainingszentrum seine athletische und technische Ausbildung zu einem der besten deutschen Handballer. Heute gehören unter anderem 30 Sportvereine und der größte deutsche Olympiastützpunkt zum Gelände.

Berlin — Mein Rückzugsort

Ich bin im Alter von drei Jahren nach Berlin gekommen. Mein Vater war DDR-Nationaltrainer, meine Mutter Handballspielerin und ich habe meine Kindheit und Jugend pendelnd zwischen der Ausbildung im Sportforum und unserer Wohnung in Lichtenberg verbracht. Als Leistungssportler musste ich mir später allerdings meinen Wohnort immer danach aussuchen, welcher Verein in welcher Stadt erfolgreich war, mir ein Angebot macht und mich sportlich weiterbringt. In meinem Fall war das der VfL Gummersbach. Rückblickend muss ich sagen, dass es eine Art Segen für mich war, diese Berlinprägung in den wichtigen Jugendjahren mitzunehmen. Berlin hat einfach meinen Horizont erweitert. Ich musste also nicht wie die Jugendlichen in Gummersbach immer in genau die eine Kneipe oder Diskothek gehen. In Berlin konnte ich das komplette Spektrum einmal abgrasen und mir aussuchen, in welche Richtung die Reise gehen sollte. Meine Entwicklung ist vor allem von den Menschen, die ich getroffen habe, abhängig gewesen. Und da hatte ich großes Glück, dass ich auch viele Musiker kennengelernt habe. Leute, die mich fasziniert haben.

Meine Begeisterung für Berlin wurde vor allem durch mein dortiges Umfeld entfacht, durch die Art, wie die Leute redeten, durch das, worüber man reden konnte. Spannend waren die Orte und Clubs, wo man sich traf, die Szene in Prenzlauer Berg und Friedrichshain. Da gehörte auch die Musik dazu, Rockmusik damals natürlich ganz groß, und die Grufti-Richtung von *The Cure* und den *Sisters of Mercy*. Natürlich hatten sich meine Oma und meine Mutter auch einen anderen Kleidungsstil gewünscht. Oma hätte mich am liebsten in Uniform gesehen und Mama in nicht ganz so zerrissenen Jeans, aber das Einzige, was wirklich wichtig war für meine Eltern, war eine relativ sportlich-disziplinierte Lebensweise.

Was ich dann sonst nebenbei machte, war eigentlich meine Sache. Für mich war Berlin der ideale Ort, groß zu werden.

Interessanterweise habe ich den Ostteil eigentlich nie verlassen. Für mich ist der spannendste Teil immer noch hier: in Prenzlauer Berg, in Friedrichshain oder in Mitte. Was dort nach der Wende aus dem Nix entstanden ist: Da gab es Clubs, da bist du durch eine Luke rein und durch dieselbe Luke musstest du wieder raus. Feuerschutz? Vergiss es! Das war schon eine spannende und revolutionäre Zeit. Man konnte sich auf einmal völlig neu orientieren, es gab keine Verhaltensmuster mehr, es gab alles zu kaufen und eigentlich war das für einen Jungen mit sechzehn Jahren die komplette Reizüberflutung. Aber geil. Auch während der vier Jahre, die ich mit Franziska van Almsick zusammengelebt habe – zwei erfolgreiche Leistungssportler, beide im Mittelpunkt, beide Typen, beide von der Öffentlichkeit, von den Medien, von den bunten Blättern ständig beobachtet und angeguckt –, hat mir Berlin die Möglichkeit gegeben, einfach anonym unterzutauchen. Macht es auch jetzt noch teilweise. Und das werde ich dieser Stadt nie vergessen.

Nach meiner Laufbahn als aktiver Sportler wollte ich gerne wieder nach Berlin zurück, aber da hier kein hochklassiger Handball stattfand, bin ich nach Magdeburg gezogen. Ich habe in der Anfangszeit noch eine Wohnung in Berlin gehabt und bin jeden Tag hin- und hergefahren. Heute muss ich aber sagen, dass der Reiz, hier leben zu wollen, verloren gegangen ist. Berlin ist mir zu chaotisch. Wenn ich für einen Termin manchmal eine Stunde brauche, um in den anderen Stadtteil zu kommen, dann ist das für mich ein Verlust an Lebensqualität, den ich nicht mehr einkalkulieren möchte. In Magdeburg bin ich mit meiner Familie und Freunden in ein Loft gezogen, das kann man in Berlin gar nicht bezahlen. Hier ist alles ein bisschen familiärer und das habe ich schätzen gelernt. Dieser Charme der Kleinstadt gefällt mir – und auch, dass ich einen gewissen Status habe. Ich brauche einmal die Woche meine Do-sis Berlin, meinen Ort, um abzutauchen. Meine besten Freunde leben alle hier, ich gehe abends gerne essen, in ein gutes Konzert ... Berlin pustet mir den Kopf frei und ich sammle Energien für den Alltag und die Familie.

Stefan Kretzschmar | ehemaliger Profihandballer

Planet Sport

Das Sportforum Hohenschönhausen konnte man zu meiner Jugendzeit durchaus mit einem olympischen Dorf vergleichen. Es war ein riesiger Planet Sport, wo eben auch nur Sportler rumrannten: die Besten der Besten. Ich war ungefähr vierzehn Jahre alt, als ich zur Sportschule kam und damals war dort alles vom Feinsten und professionell aufgebaut. Ich weiß zu schätzen, unter welchen Schlaraffenlandbedingungen wir zu Spitzensportlern ausgebildet wurden. Ich habe es schon sehr früh als großes Privileg empfunden, ein Teil davon zu sein. Da gab es die Franzi und meine Helden von Dynamo Berlin, denen ich beim Training zugeschaut habe. Es gab mit Jean Baruth, Andreas Wigrim und Stefan Haug diese Handballmännermannschaft, wegen der ich mit leuchtenden Augen das Neujahrsturnier in der Dynamohalle verfolgt habe. Ich war immer schon ein Sportfreak und deswegen war es für mich natürlich gigantisch, was im Sportforum alles zusammengekommen ist und wer mir jeden Tag in der Mensa oder sonst wo über den Weg gelaufen ist.

Das Sportforum ist ein gigantischer Komplex, zu dem unter anderem die Schwimmhalle, die Dynamosporthalle, die Eisschnelllauf- und Eiskunstlaufhalle und das Riesenleichtathletikgebäude gehören. Man kann noch heute erkennen, dass die DDR damals sehr viel Geld für ihre Prestigeobjekte im Sport ausgegeben hat. Viele andere Klubs wie Leipzig, Rostock oder Frankfurt/Oder haben neidisch nach Berlin geguckt, weil bei uns mit Abstand die besten Bedingungen im Leistungssport herrschten. Und das haben wir natürlich sehr gerne alles ausgenutzt. Unsere Ausbildung war relativ umfangreich. Wir wurden nicht – wie es heutzutage üblich ist – speziell im Handball ausgebildet, sondern auch

im Schwimmen, Turnen und anderen Sportarten, damit wir komplett geschult an den Start gingen. Ich war damals der einzige Stadtschüler in meiner Mannschaft, was heißt, dass ich nicht im Internat leben musste, sondern abends wieder nach Hause fahren und mein Privatleben in Berlin genießen durfte. Das war zwar sehr schön für mich, hat meinen Außenseiterstatus aber eher verstärkt. Man muss ja mal die Fakten nennen: Ich wäre auf die Sportschule ja niemals gekommen, wenn mein Vater nicht Nationaltrainer gewesen wäre. Ich wäre auch durch die ganzen Leistungskontrollen gefallen, weil ich viel zu klein und biologisch drei Jahre zurück war. Das war schon eine Zeit mit vielen Demutserlebnissen, weil ich halt immer auf der Auswechselbank saß. Aber so um die sechzehn rum habe ich körperlich einen Riesenschub gemacht und da ich technisch schon immer gut drauf war, konnte ich mich innerhalb

kürzester Zeit auf einmal zu den Besten der Mannschaft entwickeln. Insgesamt waren das sechs sehr geile Jahre an der Sportschule.

Wenn ich heute auf dem Gelände bin, ist das schon komisch. Ich habe an jeder Ecke sofort Erinnerungen an gute und schlechte Erlebnisse. Manchmal treffe ich noch auf Leute, die mich kannten. Ich spüre aber auch eine Schwere in mir drin, weil ich immer daran denken muss, was hieraus geworden ist. Zu Ostzeiten war das die elitäre Sportschule, die viele Olympiasieger hervorgebracht hat. Heute trainieren da nur noch partiell Leute, die erfolgreich sind. Es ist einfach kein Zentrum des deutschen Sports mehr. Und das tut schon etwas weh.

Florian Martens

„Sobald der Stadt Berlin ein wenig Geld zur Verfügung steht, wird auf Teufel komm raus losgebaut. Die wollen mich provozieren. Jede Hauptstraße wird aufgerissen und ich brauche zwanzig Minuten, allein um aus Pankow rauszukommen. Ich finde es sympathischer, Berlin etwas laufen zu lassen, anstatt krampfhaft zu versuchen, den Weltstadtfaktor weiter zu zementieren."

Florian Martens

Jockey wollte Florian Martens werden, bevor er in die Fußstapfen seines Vaters, des erstklassigen Schauspielers Wolfgang Kieling, trat. Nach der Ausbildung an der Hochschule für Schauspielkunst „Ernst Busch" folgte ein festes Engagement an der *Volksbühne Berlin*. Danach ging es auch mit seiner TV-Karriere schnell bergauf. Für seine Rolle im Krimi *Freier Fall* bekam er 1998 den Adolf-Grimme-Preis in Gold. Seit 1994 ist er als Kripobeamter Otto Garber in der Krimireihe *Ein starkes Team* zu sehen, wofür er 2010 mit dem Bayerischen Fernsehpreis als bester Schauspieler in der Kategorie Serien und Reihen ausgezeichnet wurde. Der Schauspieler mit der „harten Schale und dem weichen Kern" lebt in Pankow.

Hoppegarten

Sie ist über 140 Jahre alt und zählt zu den schönsten Rennsportanlagen Europas: die Galopprennbahn Hoppegarten. Während der spannenden Renntage zwischen April und Oktober stehen den Zuschauern auf drei historischen Tribünen knapp 4 000 Sitzplätze zur Verfügung, Biergärten und Cafés und das besondere Flair der grünen Oase laden zum Mitfiebern und Ausspannen ein. Auch abseits des Pferdesports versucht Hoppegarten mit den *Pyro Games*, klassischen Konzertreihen oder dem Kinder-Open-Air den Standort vor den Toren Berlins als Zuschauermagnet weiter auszubauen. Florian Martens, Pferdeliebhaber, leidenschaftlicher Wetter und einst selbst Reiter, ist in Hoppegarten seit 40 Jahren zu Hause.

Pankow: Mein altes und neues Zuhause

Ich bin Urberliner, nicht nur, weil ich in Mitte geboren bin, sondern auch, weil meine ganze Familie hier lebt und gelebt hat. Meine Familie mütterlicherseits kommt komplett aus dem Bötzow-Viertel in Prenzlauer Berg, mein Vater ist gebürtiger Neuköllner und ich habe meine Kindheit in Pankow verbracht.

In den letzten Jahren habe ich viel in mich hineingehorcht, wo in Berlin ich leben möchte. Nach zwanzig Jahren in den Hackeschen Höfen habe ich es dort einfach nicht mehr ausgehalten. Wie am Kollwitzplatz auch wurde es mir dort zu touristisch. Und das Bötzow-Viertel sieht zwar wunderschön aus, aber ich hab das Gefühl, dass da alle fünf Meter zwei Bioläden übereinander liegen, dazwischen gibt es selbst gebasteltes Holzspielzeug, und wenn ich mal einen Schraubenschlüssel brauche, muss ich nach Marzahn in den Baumarkt fahren. Und wenn ich beim Bäcker Schrippen bestelle und berlinere, werde ich komisch angeguckt. Nach der Modernisierung sind die Mieten natürlich explodiert und die alteingesessenen Berliner, die Rentner, die konnten sich das nicht mehr leisten und mussten wegziehen. Prenzlauer Berg und Mitte sind jetzt wie kleine bayrische oder baden-württembergische Gemeinden, da wird nicht mehr berlinert in den Kneipen. Aber richtige Kneipen gibt es sowieso nicht mehr. Das sind jetzt irgendwelche kleinen Edelrestaurants, wo die Leute Latte Macchiato schlürfend auf ihrem Laptop rumhämmern, oder superteure Kinderwagenläden. Auch Parkplätze findet man nicht mehr. Zwar fahren alle anscheinend Fahrrad, haben aber trotzdem ihre zwei Autos vor der Tür stehen. Ich sag das jetzt mal überspitzt: Ich weiß gar nicht mehr, was ich da soll. Ich fühl mich da nicht mehr wohl.

Ich wollte also irgendwo sein, wo ich Erinnerungen und Wurzeln habe. Das ist für mich wichtig. Das sind die Orte, zu denen ich mich hingezogen fühle. Ich bin auch schon Jahre zuvor mit großen Abständen immer mal nach Pankow gekommen, zum Spazierengehen, zum Mich-Erinnern. Wo bin ich als Kind langgegangen, wo habe ich gespielt und wo gewohnt? Und plötzlich bin ich nach einer langen und intensiven Lebensphase in Mitte doch wieder in Pankow gelandet. Hier gibt es mit dem Schlosspark, dem Bürgerpark und der Schönholzer Heide drei große Grünanlagen, alle fußläufig zu erreichen. Die sind nie überfüllt. Ruhig ist es, sogar an den wunderschönen Wochenendtagen. Die Leute liegen auf der Wiese, die Kinder spielen auf einem der tollen Spielplätze. Schön, dass ich mit meiner kleinen Tochter nie an einer Schaukel oder Rutsche anstehen muss – wie zum Beispiel am Helmholtzplatz.

Pankow ist ein sehr bodenständiger Stadtbezirk, trotz seiner Nähe zur Innenstadt. Hier wohnen viele Kollegen von mir. Haben schon zu Ostzeiten da gewohnt und sind in Pankow geblieben. Es gibt auch etliche Künstlergemeinden. Aber hier wohnen auch ganz normale Arbeiter, wie ich ja früher auch einer war. Es gibt hier alles. Wahrscheinlich auch eine rechte Szene. Das sind natürlich die negativen Seiten, das wird man im Bötzow-Viertel nicht finden, ganz klar. Aber der Bezirk hier ist natürlich gewachsen. Ich behaupte mal, dass Pankow der einzige Innenstadtbezirk im Osten ist, wo man auf der Straße überwiegend noch echten Pankowern begegnet. Irgendwo müssen die alteingesessenen Berliner ja hin. Wenn das so weitergeht, dass die Altberliner an den Rand hin, in die Peripherie gedrängt werden …

Metropole sind wir jetzt mittlerweile mal genug. Klar, ich freue mich auch über den Status gesamtdeutsche Hauptstadt und das starke internationale Interesse. Berlin ist bunt, es brodelt, es ist Leben. Es ist liberal. Aber ein Stadtbild kann auch entwickelt werden, ohne es zu forcieren. Ich finde es wichtig, Berlin zu erhalten und laufen zu lassen. Das finde ich besser, als krampfhaft zu versuchen, diesen Weltstadtfaktor, den wir ja schon haben, nun unbedingt auf Biegen und Brechen weiter auszubauen. Die Menschen sind selber in der Lage, Berlin sympathisch bleiben zu lassen. Es muss auch nicht alles fertig werden. Es muss nicht alles so aussehen wie in München und es müssen auch nicht die ständigen Vergleiche zu New York gezogen werden. Ein klein bisschen mehr Gelassenheit tut der Stadt gut. Berlin ist doch ganz toll, wie es ist.

Hoppegarten: Mein Wohnzimmer seit 40 Jahren

Als kleiner Junge habe ich im Urlaub mit meiner Mutter und meiner Schwester Reiten gelernt. Und sofort Blut geleckt. Diesen Sport wollte ich unbedingt weiter betreiben. Zurück in Berlin, bin

Der Galopprennsport ist meine große Leidenschaft. Zu meiner aktiven Zeit hatte ich für bestimmte nervöse Pferde ein gutes Händchen und ich mochte die kapitalen Hengste, weil ich auf denen nicht so albern aussah wie auf einer zarten Stute – ich bin ja nicht eben klein. Je größer die Rennpferde waren, desto lieber ritt ich die. Das hab ich dann insgesamt zehn Jahre lang intensiv betrieben. Da ich aufgrund meines Gewichts aber keine Rennen reiten konnte, war es das Schönste, wenigstens im Training die Pferde schnell reiten zu können. Ich erinnere mich noch ganz genau, dass es dienstags immer auf Gras ging, das ist das Geläuf der Rennbahn. Die anderen Tage ritten wir auf einer Sandbahn im Wald. Hoppegarten – das ist ein Riesenareal und landschaftlich wirklich top! Auch den internationalen Jockeys, die nach der Wende aus Westeuropa zu uns kamen, war klar, dass das hier die schönste Bahn Europas ist. Und die wussten, wovon sie redeten.

ich gleich in den Springreitverein Neuenhagen eingetreten. Als ich dort nach anderthalb Jahre aus disziplinarischen Gründen rausgeflogen bin, habe ich erst mal die Möglichkeit genutzt, in Karlshorst auf der Trabrennbahn für einen Fünfer die Stunde auszureiten. Nach einer Weile hat mich einer vom Rennsport gesehen und mit nach Hoppegarten genommen. Zu diesem Zeitpunkt habe ich in Hoppegarten auch schon als Schüler am Wochenende Wettscheine und Tickets verkauft. Seit 1972 bin ich also regelmäßig in Hoppegarten, das ist mein zweites Wohnzimmer.

Ich war inzwischen zum Trabrennsport gewechselt. Da dort das Gewicht keine Rolle spielt, konnte ich wenigstens Rennen fahren. Aber auch das musste ich irgendwann aufgeben, da die Filmverträge alle gefährlichen Sportarten ausschließen. Dazu zählen Reiten, Fallschirmspringen, Ski fahren, Rennen fahren ... Das war mir dann zu riskant, denn wenn man im Rennen erfolgreich sein will, muss man auch aggressiv fahren. Das war das Ende meiner aktiven Zeit beim Rennsport.

Hoppegarten ist eine absolute Traditionsbahn, die seit über einhundertvierzig Jahren eine Institution für Berliner ist. Nach der Wende wurde viel investiert, um sie für die Besucher wieder attraktiv zu gestalten und um auch international Aktive zu gewinnen. Großen Sport zu bieten. Das hat aber nur zum Teil funktioniert. Dabei war die erste Zeit eher von einem ständigen Hoch und Runter geprägt. Es kamen verschiedene Treuhänder und Besitzer, und die Bahn stand immer wieder mal kurz vor der Insolvenz oder vor der Schließung. Aber seit ein paar Jahren passiert richtig was und die Rennbahn Hoppegarten wird immer besser besucht. Das freut mich natürlich. Die historischen Tribünen wurden erneuert und rein optisch ist Hoppegarten, mit seiner Größe von rund fünfundsechzig Hektar zu den großzügigsten Anlagen Deutschlands zählend, sowieso ein Schatz. Bei diesem Weitblick ins ewige Grün muss man einfach ins Schwärmen kommen. Als zweifacher Vater nutze ich auch regelmäßig die Angebote für Familien und Kinder. Für mich persönlich ist sowieso jede Ecke des Geländes mit Erinnerungen verbunden. Mich muss niemand anwerben, um zu den Rennen zu kommen.

Oliver Mommsen

„Dass es in einem eigentlich eher unspaßigen Land wie Deutschland so eine spontane und verrückte Stadt wie Berlin gibt, ist ein Gottesgeschenk. Diese Stadt passt zu mir und das Tolle ist, dass ich hier sogar auch noch eine Familie habe. Ich dachte, ich müsste das hier alleine durchziehen, irgendwie in einem Loft mit einem Basketballkorb drin und einem Skateboard ... Ja, das hat leider alles nicht geklappt. Dafür habe ich zwei kleine Berliner in die Stadt gesetzt."

Oliver Mommsen

2001 kam der Durchbruch: Seit diesem Jahr steht Oliver Mommsen im Bremer *Tatort* seiner Kollegin Inga Lürsen als Kommissar Stedefreund zur Seite. Beim Deutschen Fernsehkrimipreis 2006 wurde er für seine Rolle im 600. *Tatort Scheherazade* als bester Nebendarsteller ausgezeichnet. Oliver Mommsen, der die renommierte Schauspielschule Maria Körber in Berlin absolvierte, ist begeistert davon, mit seiner Familie in Berlin-Kreuzberg zu leben.

Der Kreuzberg

Der Kreuzberg, nach dem auch der gleichnamige Stadtteil benannt wurde, befindet sich im Herzen des Viktoriaparks und ist mit seinen 66 Metern eine der höchsten Erhebungen von Berlin. Auf dem Gipfel des Berges steht ein zwanzig Meter hohes Denkmal, von wo man einen imposanten Blick über Berlin genießen kann. Feiern im Biergarten im *Golgatha*, mit den Kids auf den Spielplatz, Entspannen am Wasserfall, Grillen auf den Wiesen – die grüne Oase liegt mitten im quirligen Stadtteil Kreuzberg 61.

Berlin: Ein Gottesgeschenk

Großstädte haben mich schon immer fasziniert. Meine Nonplusultra-Stadt ist New York, dort wird die Idee Großstadt auf den Punkt gebracht. Wahrscheinlich würde ich auch dort leben, wenn ich eben nicht Schauspieler und an die deutsche Sprache gebunden wäre. Aber ich hab gehört, dass man dort jetzt in Bars nicht mehr ohne Genehmigung tanzen darf. Da ist Berlin natürlich vierhundert Millionen Mal freier. Und bietet mehr Möglichkeiten. Berlin – das war Liebe auf den ersten Blick. Los ging das 1988, als mein Stiefbruder hierher gezogen ist und großen Spaß daran hatte, mir die Stadt zu zeigen. Ich bin dann schnell hinterher gezogen und habe seitdem immer noch leuchtende Augen, wenn ich über diese Stadt rede.

Viele Berliner ziehen raus ins Grüne, wenn sie Kinder bekommen. Aber meine Familie und ich wollen aus Kreuzberg nicht weg! Der Kiez ist sehr bunt, ziemlich groß und einmal komplett generationendurchmischt. Man weiß genau, wann die Schule zu Ende ist, weil dann Ströme von Kindern durch die Gegend rasen. Vom Hartz-IV-Empfänger, Drogensüchtigen, Niedergebeutelten, von der verlorenen Seele bis hin zum Millionär ist alles vertreten. Ja, ich werde alt hier, und schön für die Vergreisung dieser Stadt sorgen. Ich freue mich dann schon wahnsinnig darauf, den ganzen Jugendlichen, die es so irrsinnig eilig haben, an der Supermarktkasse im Weg zu stehen und zu sagen: „Ich glaube, ich hab da noch mein Äpfelchen vergessen." Im Ernst, im Alter habe ich doch endlich die Möglichkeit, zu tun und zu lassen, was ich will. Da zieh ich doch nicht aufs Land.

In anderen Städten ist auch die Uniform weitaus wichtiger, die Menschen lassen sich viel mehr von Äußerlichkeiten beeindrucken und verführen. In Berlin funktioniert das nicht. Wenn deine Augen signalisieren, ich bin wach, ich habe Lust und ich werde mein Möglichstes tun, damit die Stimmung gut bleibt, kommst du durch jede Tür. Obwohl der Krieg um den Individualismus teilweise auch schon etwas krank ist. Alles ist so understatementmäßig, aber trotzdem ist jeder doch darauf bedacht, unbedingt eine eigene Note zu haben. Ein bisschen anstrengend ist das schon manchmal.

Ich treibe mich in ganz Berlin rum, weil ich meine Texte immer beim Spazierengehen lerne. Unter sechs Stunden hab ich das nicht drauf, also fange ich in meinem Kreuzberger Kiez an, dann geht es über Schöneberg nach Charlottenburg zum Potsdamer Platz, weiter nach Mitte und zurück ins etwas andere Kreuzberg. Dann habe ich einmal alles gesehen, und das quer durch. Was mein Leben als Schauspieler in Berlin so reich macht, ist, dass ich permanent Futter, permanent Geschichten geliefert bekomme. Ich erweitere täglich meinen Horizont und komme mit lauter Geschichten nach Hause zurück. Man kann seine Vorurteile in Berlin unglaublich gut abbauen, weil meistens nichts so ist, wie es auf den ersten Blick erscheint. Immer wieder erlebt man Situationen, denen man schnell den Stempel aufdrückt, um dann aber doch überrascht zu werden. Als Schauspieler profitiere ich unheimlich davon, dass ich mich von bestimmten Dingen oder Verhaltensweisen überzeugen kann, die ich auf der Straße sehe. In dieser Großstadt sind einfach so viele Menschen unterwegs, so viele Schicksale, dass man so ein wenig wie im Kino sitzen darf. Ich kann ja immer nur das spielen, was ich mir auch vorstellen kann. Und je mehr ich sehe, je mehr ich erlebe, je mehr ich überrascht werde, desto mehr kann ich mir auch vorstellen und desto mehr kann ich auch zulassen. Wie so ein schwarzer Raum, der mit immer mehr Leben gefüllt wird, je mehr Türen aufgestoßen werden.

Mein Dschungel in der Großstadt

Der Kreuzberg, das ist mein Spielplatz. Das ist mein kleines Stück Natur direkt um die Ecke. Ich habe lange Zeit gegenüber vom Park gewohnt, und hier, in Kreuzberg, kam mein kleiner Sohn auf die Welt. Als Oskar ungefähr zwei Jahre alt war, bekam er eine Biene, eine Ameise, eine Fliege und einen Grashüpfer aus Plastik geschenkt. Ein Freund von uns vom Lande schaute dann etwas konsterniert und sagte: „Mei, die Schtodtkinder! Insekten aus Plastik!" Und da dachte ich: „Ja, zeig mal einem Kind irgendwo in Berlin einen Regenwurm!" Also auf zum Kreuzberg, denn das ist unser Stückchen Land in der Stadt. Krabbeln,

klettern, Drachen steigen lassen, die Wiese runterrollen, Regenwürmer anfassen, im Wasser spielen, Fahrrad und Rollerblades fahren – er hat dort alles gelernt. Auf den steilen Anstiegen habe auch ich meine Fitness wieder auf Vordermann gebracht.

Ist es nicht irre, mitten in der Stadt einen Wasserfall zu haben? Ich kann den stundenlang einfach nur angucken oder dort auf einem Stein sitzen und rumträumen. Auch oben auf dem Schinkel-Denkmal den Blick über die Stadt zu genießen, ist furchtbar romantisch. Manchmal so romantisch, dass

man es nicht aushält und gleich wieder runter muss. Auf den großen Wiesen, da liegt man teilweise wie an der Adria. Oder man picknickt und beobachtet die türkischen Familien, die mit dem halben Wohnzimmer anreisen. Und die drei Generationen, die dann da am Kochen sind. Als die Kinder noch klein waren, hat sich für unsere Familie auch ganz viel auf dem Spielplatz neben dem *Golgatha* abgespielt.

Schön ist auch die Felsformation, aus der ein kleiner Bach rauskommt. Dort haben wir das Dschungelbuch nachgespielt. Natürlich war ich der Bär Balu, der immer kochen musste, und Mogli turnte oben auf den Felsen rum. Heute ist Oskar schon ein Teenager und mit seinen Kumpels viel in der Wolfsschlucht mit dem kleinen Wasserfall unterwegs. Jetzt fallen halt hier die Sachen an, die eben auch so in der Natur stattfinden – mit den Bienen und den Blumen und so. Das macht mich natürlich nervös. Wahrscheinlich werde ich mich demnächst mit dem Teleobjektiv irgendwo hinlegen und das beobachten.

Karl-Heinz Müller

„Viele Städte sind modetechnisch besetzt. Aber der sogenannte Street- und Urbanwear-Bereich hatte noch keine richtige Heimat. Für uns stand außer Frage: Berlin ist die Stadt, wo dieser Bereich dominierend sein kann. Berlin hat dieses Schräge, Coole und Unkonventionelle. Ich sage: Berlin is the Capital of Casual."

Karl-Heinz Müller

Er hat es geschafft, mit seiner Messe BREAD & BUTTER Berlin in die Riege der wichtigen Modestädte zu katapultieren. Karl-Heinz Müller spielt bei der Entwicklung Berlins zum Zentrum für urbane und zeitgenössische Mode keine unwesentliche Rolle. Der Weg der Messe von Köln nach Berlin war verschlungen. Nach einigen Jahren in Barcelona findet die Messe seit 2009 im stillgelegten Flughafen Tempelhof statt.

Flughafen Tempelhof

Es ist das zweitgrößte zusammenhängende Gebäude der Welt. Das ehemalige Flughafengelände Tempelhof eröffnet Berlin ganz neue städtische Räume. Heute steigen dort Drachen in die Luft, wo ab 1923 Flugzeuge zum Start- und Landeanflug ansetzten. Auf dem 355 Hektar großen Flugfeld, dessen Flugbahnen und weitläufige Wiesen mitten im Herzen der Stadt für ein Freiheitsgefühl sorgen, sieht man heute Skater und Jogger. Auch das Innere des monumentalen Gebäudes wird nach und nach von neuen Nutzern wie der Modemesse BREAD & BUTTER erobert.

Berlin — The Capital of Casual

Ich fand es schon als Kind seltsam, dass ein so großes Land wie Deutschland eine eher unbedeutende Kleinstadt wie Bonn mit knapp 320 000 Einwohnern als Bundeshauptstadt hat, während andere

tig. Es gibt ja viele Städte, die sind modetechnisch besetzt. Paris ist besetzt. Mailand ist besetzt. Aber der sogenannte Street- und Urbanwear-Bereich hatte noch keine richtige Heimat. Für uns stand außer Frage: Berlin ist die Stadt, wo dieser Bereich dominierend sein kann. Einfach, weil er zu ihr passt und die Stadt selbst unglaublich urban ist. Bevor Berlin das zweite Paris wird, wird es eher ein zweites San Francisco. Oder nein, es ist eben einzigartig, es ist Berlin. Dieses Schräge, Coole und Unkonventionelle ist hier – hier, wo auch die Outfits mutiger kombiniert werden. Ich frage mich, wer das eigentlich gesagt hat: Berlin ist „the City of Cool". Ich sage: Berlin ist „the Capital of Casual". Da sehe ich Berlin weltweit sehr weit vorne.

Länder richtige Metropolen als Hauptstädte haben. Für mich und meine Vision von einer deutschen Modestadt war es toll, dass Berlin Regierungshauptstadt geworden ist. Denn für so eine Veranstaltung, wie wir sie machen, brauchten wir einfach eine einzigartige Metropole. Und das ist Berlin. Eine echte Metropole mit vielen Einflüssen, kreativ, international, vielschich-

Und Berlin hat halt Platz, und unser Unternehmen hat Platz für Entwicklung. Die Stadt war nicht fertig, ist sie bis heute ja nicht. Berlin ist nicht etabliert und kann in keine Schublade gesteckt werden. Nach der Teilung und der Wiedervereinigung konnte sich diese Stadt neu finden. Ich glaube, das ist ein ganz wichtiger Punkt, warum wir hier so erfolgreich sind.

Manchmal vergleiche ich uns ein bisschen mit Elvis Presley, der gesagt hat: „Ich muss anders aussehen." Unserem Team war vor dem Wegzug aus Köln sonnenklar: Entweder, wir gehen nach Berlin, weil es die einzige Stadt in Deutschland ist, wo wir uns als Modemesse BREAD & BUTTER richtig verwirklichen können, oder wir hören auf. Also sind wir nach Berlin gegangen, und das war schon sehr kühn, hat sich aber gelohnt. Heute sind wir weltweit die führende Modemesse für den Street- und Urbanwear-Bereich.

Aufgrund meines Jobs bin ich viel unterwegs und werde oft nach meinem Wohnort gefragt. „Aus Berlin? Oh, Berlin!" Die Leute von außerhalb sind tatsächlich unvorstellbar interessiert, wollen ganz viel über unsere Stadt erfahren. Ich denke, dass wir Deutschen gar nicht so richtig wissen, was für eine tolle Hauptstadt wir überhaupt haben. Berlin ist ganz schräg und dirty und vornehm, einfach alles zusammen. Und das ist auch das, was die Leute wollen. Es gibt die Taxifahrer, die ihr Herz auf der Zunge tragen, gute Clubs, tolle Restaurants und leckere Dönerbuden. Das Spektrum ist einfach enorm. Es ist schon ein Unterschied,

die Leute nach Köln oder eben nach Berlin einzuladen. Vorher waren wir sehr national, sehr ... naja, es war eben eine deutsche Messe. Und hier mit Berlin sind wir sofort auf fünfundvierzig Prozent internationale Besucher gesprungen. Was bisher keine Messe geschafft hat. Und insofern war die Entscheidung wirklich goldrichtig. Berlin hat uns mit offenen Armen empfangen. Und jetzt ist es wie ein Ping-Pong-Spiel und man hilft sich gegenseitig an allen Ecken und Enden.

Tempelhof im Wandel

Für uns ist es ein unvorstellbarer Glücksfall, dass wir Tempelhof mit unserer Modemesse BREAD & BUTTER bespielen dürfen. Dieser Ort ist einfach spektakulär. Darüber spricht die ganze Welt, viele können sich diese einmalige Atmosphäre gar nicht vorstellen und stehen dann mit offenem Mund da und staunen nur. Für uns könnte es besser nicht gehen, denn das denkmalgeschützte Gelände ist erhaben, schön und würdevoll.

Anfangs haben wir mit dieser spektakulären Location aufgrund der Proteste gar keinen so guten Start erwischt. Für die Berliner hat Tempelhof natürlich eine ganz besondere Bedeutung. Ich verstehe die Menschen, die mit und an diesem historischen Ort ja auch schon viel erlebt haben. Und jetzt wird der Flughafen geschlossen, eine hippe Modemesse kommt da rein und entweiht das Gebäude irgendwie. Ich habe Verständnis für diese erste Skepsis gehabt, auch wenn wir wussten, dass wir Tempelhof niemals entweihen würden. Mittlerweile konnten wir ja auch beweisen, dass wir in Einklang mit den Besonderheiten des Standorts Tempelhof etwas Einzigartiges machen. Dass wir die ganze Sache mit sehr viel Respekt und Weitblick angegangen sind. Was ich allerdings richtig schade finde, ist, dass wir zu den normalen Bürgern in Berlin nicht sagen können: „Komm, schau dir einfach mal an, was wir hier machen." Es ist eben eine richtige Fachmesse.

Für uns und die Besucher ist nach unserem vorherigen Berliner Standort in Spandau jetzt natürlich auch die zentrale Lage ein großer Vorteil. Obwohl der Tempelhofer Damm schön breit und groß ist, versuchen wir doch, unseren Gästen beizubringen, dass sie lieber mit der U-Bahn fahren sollen. Wir branden dann auch komplett die U-Bahn-Station Platz der Luftbrücke. Das ist ganz wunderschön anzusehen.

Man darf ja auch nicht vergessen, dass die Messe einen irren wirtschaftlichen Effekt für die Stadt hat. Ich bin momentan wohl der beste Freund der Taxifahrer und der Hoteliers und auch des Einzelhandels in Berlin. Wenn man so will, steht die Stadt in den Zeiten der Messe wirklich Kopf, es ist ein kompletter, aber auch sehr positiver Ausnahmezustand. Nicht auszudenken, wenn Tempelhof auch für andere kreative Events oder Veranstaltungen eine Heimat werden könnte. Dann würde sich Tempelhof sehr leicht selbst tragen. Bei unseren Events haben wir auch immer ganz viele Zaungäste, was das Interesse an uns und dem Standort belegt. Und ich habe das Gefühl, dass sich nach unserem Auftakt die Tore Tempelhofs für öffentliche Veranstaltungen langsam immer mehr öffnen und dort für die Menschen in Berlin etwas ganz Neues entsteht, etwas, an dem sie wieder aktiv partizipieren können.

Michael Preetz

„In Berlin muss ich nur durch ein paar Straßen fahren und kann meinen Alltag hinter mir lassen. Dieses Gefühl stellt sich genau dann ein, wenn ich über die Wannseebrücke komme. Links Wasser, rechts Wasser, Kleiner Wannsee, Großer Wannsee, dann geht es ab aufs Boot. Schon beim Herausfahren kann ich in Sekundenbruchteilen abschalten."

Michael Preetz

Als Herthas Rekordtorjäger und ehemaliger Fußballnationalspieler steht Michael Preetz wie selten ein Fußballer vor ihm für die Sporthauptstadt Berlin. Mit seiner angenehmen Art eroberte er die Herzen der Berliner auch abseits seines Könnens auf dem Platz. Seit 2009 führt der gebürtige Düsseldorfer Berlins Fußballklub Nummer eins als Manager weiter. Trotz der Dynamik im Fußballsport: In Berlin möchte Michael Preetz dauerhaft bleiben. Heimisch fühlt sich der zweifache Vater vor allem auf Berlins atemberaubenden Wasserwegen, auf denen er einen Großteil seiner Freizeit verbringt.

Wannsee

Segeln auf dem Wannsee? Eine Bootstour durch Berlins Regierungsviertel? Baden im Müggelsee, Angeln in der Havel oder Joggen an der Spree? In Berlin bleiben beim Thema „Rund ums Wasser" keine Wünsche offen. Die Region Berlin-Brandenburg besticht mit ihren insgesamt 180 Kilometer langen Wasserstraßen als Europas größtes zusammenhängendes Gewässernetz. So fließen Spree, Havel, drei weitere Flüsse und sechs Kanäle mitten durch „Spree-Athen", wie Berlin auch gerne betitelt wird.

Eine Metropole wie Berlin braucht einen Erstligisten

Für mich ist Berlin ein Sinnbild des Miteinanders von unglaublich vielen Nationen und Kulturen. Als die Fußball-WM 2006 mit dem Slogan „Die Welt zu Gast bei Freunden" hier ausgetragen wurde, hat es Berlin wie keine zweite Stadt in Deutschland geschafft, genau das zu symbolisieren. Mit einer Herzlichkeit, die man dem Berliner auf den ersten Blick gar nicht zutraut, mit Fröhlichkeit und Freundlichkeit. Von Berlin aus wurde 2006, das ist schon fast pathetisch, ein neues Bild der Deutschen in die Welt entsendet. Die Chance, die die Weltmeisterschaft geboten hat, wurde eindrucksvoll genutzt.

In meiner Funktion als Manager von Hertha BSC würde ich mir natürlich wünschen, dass das, was 2006 hier in dieser Stadt passiert ist, endlich auch auf die leider immer noch nicht überwundene Ost-West-Thematik übergreift. Diese Fragen vor den Derbys gegen Union: Wer ist der Ost-Verein und wer der West-Verein? Absoluter Quatsch, wir sind beide Vereine aus Berlin – nur das ist wichtig! Diese Unterscheidung Ost und West sollte es eigentlich gar nicht mehr geben. Ich plädiere stark dafür, dass das, was sich die Menschen in diesem Land, und zwar in beiden Teilen, jahrelang gewünscht haben, nun auch endlich mal Normalität wird. Es ist Berlin und es ist *ein* Berlin und man fährt nicht in den Osten oder Westen. Dieses eine Berlin bietet uns wahnsinnig viele Möglichkeiten.

Ich bin 1996 nach Berlin gekommen. Wer wie ich in einer Stadt wie Düsseldorf groß wird, denkt erst, er lebt am Nabel der Welt. Düsseldorf ist eine Großstadt. Das ist sie aber genau so lange, bis man hierher nach Berlin kommt. Ich war von Anfang an fasziniert. Ich glaube bis heute, dass es grundsätzlich auch nur zwei Einstellungen zu dieser Stadt gibt. Entweder, du hast Riesenrespekt vor ihrer Größe und wirst von all dem, was dich hier erwartet, erschlagen, oder du findest sie spannend und bist be-

reit, sie zu entdecken. Und so ging es mir eigentlich vom ersten Tag an. Von 1996 bis heute ist ja eine Menge passiert, es gab viele Veränderungen in der Stadt. Und das hautnah mitzuerleben hat großen Spaß gemacht. Berlin ist meine Heimat geworden. Nun ist Fußball natürlich zu jeder Zeit ein hoch dynamisches Geschäft und da gehören auch mal Vereinswechsel dazu. Aber für mich war klar: Wenn es sportlich passt, dann gibt es überhaupt keinen Grund für mich, aus dieser Stadt wegzugehen. Ich habe ohne Frage hier die beste Zeit meiner Karriere gehabt, meinen Durchbruch bis hin zu den Einsätzen in der Nationalmannschaft geschafft. Als ich die Möglichkeit bekam, ins Ausland zu gehen, bin ich aber wegen der beruflichen Perspektive und auch wegen Berlin hiergeblieben. Das ist einfach meine Stadt.

Sportlich reklamieren wir natürlich für uns, dass wir der größte Verein der Stadt sind und Erstligist sein wollen. Das ist, glaube ich, legitim. Die sportliche Aussage 2010/2011 ist allerdings eine

andere. Wir sind in der letzten Saison abgestiegen, was dramatisch war für die Stadt und für uns als Klub. Und es gibt am Ende nur einen Weg für mich, das zu bewältigen. Diese bittere sportliche Situation muss Hertha BSC als Chance begreifen. Hertha ist in den letzten Jahren schnell gewachsen und auf diese Reise konnten wir noch nicht alle in dieser Stadt mitnehmen. Es ist uns ja immer noch nicht geglückt, uns in der eigenen Stadt zu verwurzeln.

Also ist es unser Ziel, in der gesamten Stadt, in den einzelnen Bezirken präsenter zu werden. Dort wollen wir sichtbar werden mit dem, was wir haben, einer Mannschaft zum Anfassen. Ich hoffe, dass es uns gelingen kann, die Bande zwischen Hertha und Berlin und Hertha und den Berlinern noch enger zu knüpfen.

59 Quadratkilometer gigantische Wassernetze

Der Wannsee ist für mich einer der schönsten Flecken in Berlin. Hier habe ich das Gefühl, dass ich mich völlig abkapseln kann von der umtriebigen, quirligen Metropole. Gerade wenn der Alltag hektisch war und ich nach Hause komme, dann wartet dort einfach eine andere Welt auf mich. Das kenne ich so aus keiner anderen Stadt. Ich muss nur durch ein paar Straßen fahren und kann alles, was mich belastet, hinter mir lassen. Dieses Gefühl stellt sich genau dann ein, wenn ich über die Wannseebrücke komme. Links Wasser, rechts Wasser, Kleiner Wannsee, Großer Wannsee, dann geht es ab aufs Boot. Schon beim Herausfahren kann ich in Sekundenbruchteilen abschalten.

Ich habe ein Sportboot. Damit fahre ich manchmal raus und ankere irgendwo in einer kleinen Bucht. Dort springe ich ab und an ins Wasser, liege einfach an Bord und entspanne. Und ich liebe es, Wasserski zu fahren. Das ist eine Form von Wassersport, die man hier ganz gut machen kann. Und das mitten in Berlin.

Meine große Affinität zum Wassersport kommt von meinen Eltern, die mich schon früh mit dem Element Wasser in Kontakt gebracht haben. So lange ich denken kann, lag unser Boot immer in Düsseldorf am Rhein. Boot fahren am Rhein und Boot fahren in Berlin sind wie zwei verschiedene Sportarten. Hier auf den Berliner Gewässern kann man vom Boot aus schwimmen gehen und eine ganz andere Form des Miteinanders leben. Wenn hier richtig tolles Wetter ist, ich ein bisschen Farbe und Helligkeit brauche, dann ist es Zeit, wieder aufs Wasser zu gehen. Meistens treffen wir uns mit Freunden, das sind manchmal sogar mehrere Boote, die dann zu-

sammen liegen. Grillen auf dem See, einfach fantastisch so etwas. In Berlin braucht man nicht mal ein eigenes Boot, überall an den Seen kann man auch ohne Führerschein kleine Motor- oder Segelboote mieten.

Berlin ist das größte zusammenhängende Binnenschifffahrtsgebiet Europas. Das muss man sich mal vorstellen. Neunundfünfzig Quadratkilometer Wasser! Dieses irre Netz an Wasserstraßen in Gänze zu entdecken steht auch mir noch bevor und ich freue mich darauf. Eine Route, die wir gerne abfahren, ist die vom Wannsee über Potsdam bis zum Schwielowsee. Nach Werder ist es dann schon ein Stück weiter, da fährt man mit dem Motorboot auch schon mal zwei Stunden. Was ich jedem nur empfehlen kann, ist eine Tour mitten durch die Stadt: mit dem Boot durchs Regierungsviertel. Gerade wenn wir Besuch haben, ist es ein Muss für uns, mit unse-

ren Gästen die obligatorische Stadtrundfahrt übers Wasser zu machen. Das ist natürlich eine ganz andere, ganz neue Perspektive. Das macht Berlin einzigartig im Vergleich zu allen anderen deutschen Städten.

Übrigens, auch der Winter hält in dieser Hinsicht Faszinierendes bereit. Denn alles, was wir mit dem Boot abfahren, kann man in einer kalten Periode zu Fuß ablaufen. An bestimmten Stellen des Wannsees oder auf den Kanälen im Tiergarten gibt es dann sogar Glühweinstände. Eine perfekte Mischung, oder?

Gayle Tufts

„Berlin ist für mich wie Elizabeth Taylor. Eine Frau, die durch alles gegangen ist: Kinderstar, Hollywoodstar, siebenmal verheiratet, davon zweimal mit Richard Burton, später neue Hüfte und Gehirntumor. Aber sie kommt durch. Sie ist Elizabeth Taylor, sie ist ein Star. Und das ist Berlin für mich. Berlin ist weiblich. Ich finde, diese Stadt hat etwas von der Trümmerfrauen-Energie. ‚Ich stehe wieder auf. Ich stehe wieder auf. Und es ist mir egal, was passiert, ich werde immer wieder aufstehen.'"

Gayle Tufts

Die Bühne ist ihr Zuhause. Gayle Tufts, das selbst ernannte „Everybody's Showgirl", und laut *Stern* die „bekannteste in Deutschland lebende Amerikanerin" ist Autorin, Sängerin und Performerin in einem. In ihren selbst produzierten Shows lenkt „die Ikone der deutsch-amerikanischen Freundschaft" den Blick immer wieder intelligent und unterhaltsam auf Deutschland und im Besonderen auf Berlin. Gayle Tufts ist ein Geschenk für Berlin und Berlin ein Geschenk für sie. 1991 erklärte Gayle Tufts Berlin zu ihrem festen und innig geliebten Wohnsitz.

Stage Factory

Die *Stage Factory* – Gayle Tufts nutzt sie als Probebühne, sie ist eine Musical- und Theaterschule, ein Ort für Veranstaltungen und Sportkurse, ein Ort des Austausches, des Abtauchens und der Inspiration. Yoga, Ballett, Stepptanz oder Gesangskurse – wer mit Spaß und unter der Anleitung professioneller Künstler seine Fähigkeiten und Talente entdecken und fördern will, ist in der *Stage Factory* genau richtig. In den Goerz-Höfen nahe der Steglitzer Schloßstraße stehen auf einer Fläche von mehr als neunhundert Quadratmetern verschiedene Studios im Stil der historischen Industriearchitektur zur Verfügung.

A Ghost Town Called Berlin

Für mich ist Berlin die Stadt der Geister und der schwarzen Schafe. Überall gibt es Geschichte und Geschichten. Die wichtigsten Entscheidungen des 20. Jahrhunderts haben alle mit Berlin zu tun. Und all das hat Spuren in der Stadt hinterlassen. Der Kaiser, der Erste Weltkrieg, die Weimarer Republik, der Zweite Weltkrieg, die Planung des Holocaust, der Kalte Krieg, der Mauerbau, der Mauerfall und die Wiedervereinigung. Auf einer ganz anderen Ebene haben beispielsweise auch die Loveparade und Knut die Stadt geprägt. Jede Ecke zeugt von diesem permanenten Wandel, es gibt immer Neues zu entdecken. Christopher Isherwood, der mit *Berlin Stories* die Vorlage für das Musical *Cabaret* schuf, hat am Nollendorfplatz gewohnt. Nur eine Straße weiter ging er fast täglich ins *Eldorado* – das Vorbild für den *Kit Kat Club*. Heute ist dieser verruchte, wilde Sexladen, in dem Sally Bowles auf der Bühne stand, ein Biosupermarkt! Ich finde das toll! Oder der Film *Der Himmel über Berlin* von Wim Wenders. Der hat das Berlinbild vieler Amerikaner geprägt. Jedes Mal, wenn ich an der Siegessäule vorbeifahre, stelle ich mir vor, dass Otto Sander dort oben sitzt, über die Stadt schaut und vielleicht auch mich und meine Gedanken hört. Ich gehe über die Brücke an der Friedrichstraße beim *Berliner Ensemble* und denke: „Mein Gott, was für eine Straße! Max Reinhardt, Bertolt Brecht!" Und jetzt die neue Theaterkultur, die dort entsteht. Was wird davon bleiben? Man ist mitten drin in dieser Metropole, man ist ein Teil des Wandels. Und ich denke: „Es geht nicht schöner!"

Neben mir gibt es über zwanzigtausend weitere Amerikaner, die fest in Berlin wohnen. In meinem Bühnenprogramm sage ich ironisch: „Das Boot ist voll." Denn ich denke an die Zeit in den Achtzigern, als ich zum ersten Mal nach Berlin kam: Ofenheizung, kein eigenes Bad, nur befristete Untermietverträge, der wegen schmutziger Luft nach einem Tag schwarze Schnee und nur drei TV-Kanäle! Mittlerweile ist alles renoviert, gut ausgestattet und sauber. Man sieht fast nirgendwo mehr die Einschusslöcher aus dem Zweiten Weltkrieg. Der Wandel ist nicht aufzuhalten. Natürlich gibt es in Berlin Platz für alle – und damit meine ich nicht nur den räumlichen Platz. Niemand kommt *aus* Berlin, alle kommen *nach* Berlin. Und der Streit, wer in der wirklich hippen Gegend wohnt, ist eigentlich nur lächerlich. In New York, wo ich studierte, habe ich immer in den vergessenen, bezahlbaren Vierteln gelebt, die dann von den Hipstern entdeckt wurden, weil sie so anders und kreativ waren. In Berlin hab ich dann lange in Kreuzberg gewohnt, bis unter meinem Schlafzimmer eine trendige Jazz-Lounge eröffnete. Dafür, dass ich nicht mehr in Ruhe schlafen konnte, war mir die Miete zu teuer. Heute will jeder im Bergmannkiez wohnen und die Mieten sind unbezahlbar. Wie singt Peter Fox: „Du kannst so schön schrecklich sein." Berlin macht den gleichen Wandel durch wie New York, nur nicht so schnell und auf einem – noch – finanzierbaren Niveau. Berlin ist doch bodenständiger. Berlin verbinde ich mit dem Film *Der Zauberer von Oz*. Judy Garland lebt im schwarz-weißen Kansas, stößt sich ihren Kopf und ist plötzlich in Oz, dem Land, wo alles bunt und zauberhaft ist. Das ist Berlin. Wobei Berlin noch beide Seiten hat: Schwarz-Weiß und Technicolor.

Nach mittlerweile zwanzig Jahren in Berlin habe ich hier Wurzeln geschlagen. Immer, wenn der Landeanflug auf Berlin beginnt und ich die ersten Häuserblöcke sehen kann, bin ich so happy. Ich werde immer wieder sentimental, wie wenn ich einen alten Liebhaber wiedersehe, mit dem ich mich wirklich gut verstehe. Berlin ist für Deutschland das, was New York für Amerika ist: ein anderer, außergewöhnlicher Ort, mit einer anderen Mentalität. Hier verstößt man gerne gegen die Regeln und schwimmt gegen den Strom. Und das liebe ich. In einem meiner Songs heißt es: „Diese Stadt der schwarzen Schafe, where we finally all belong." Das ist ein Ort, zu dem die Leute kommen, die nirgendwo anders hingepasst haben. Leben und leben lassen, lieben und lieben lassen. Ich war kürzlich auf einer großen Hochzeit, von einem langjährigen Freund und seinem Mann. Meine beste Freundin und ehemalige Mitbewohnerin aus New York war extra angereist. Ich habe ihr die Gäste, unter anderem den Bürgermeister Klaus Wowereit und Claudia Roth von den Grünen, vorgestellt. Nach dem Auftritt der Dragqueen-Rockband gab es einen Karnevalsumzug, den die Familie des rheinländischen Bräutigams organisiert hat. Alle haben mitgemacht! Auch die neunzigjährige Tante und viele in Kostümen. Meine Freundin guckte mich an und fragte: „Sind alle Hochzeiten in Deutschland so?" Und ich habe gesagt: „Nee, das ist Berlin." Und sie: „Das könnten wir in New York nicht machen." Daran sollten wir uns immer erinnern.

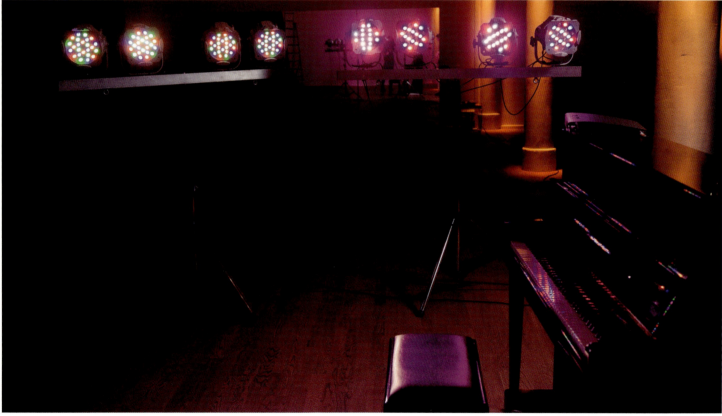

Zurück in die Gründerzeiten: Die Stage Factory

In Berlin ist es nicht leicht, gute Proberäume zu finden. Gut heißt: trocken und beheizbar, sauber, groß genug und bezahlbar. Wenn es auch noch ein Klavier vor Ort gibt und ich nicht erst nach Cottbus fahren muss, um neunzig Minuten zu proben, hab ich Glück. Ich habe schon zum Regierenden Bürgermeister gesagt, dass ein Teil des Flughafens Tempelhof zu Probebühnen ausgebaut werden sollte, aber wahrscheinlich verstehen nur Theatermacher, warum es so wichtig ist, einen guten Ort zum Proben zu haben. Aber darauf muss ich nicht mehr warten, denn ich habe mittlerweile meinen Ort in Berlin gefunden. Als ich in diesem Jahr die *Stage Factory* entdeckte, fühlte ich mich sofort zu Hause. Die Energie dort – toll. Das Licht in dieser Fabriketage! Sie wird von zwei ehemaligen Tänzern des *Theaters des Westens* betrieben, Per Mörkeberg und Oliver Kraatz. Die beiden wussten aus eigener Erfahrung von dem Mangel an guten Möglichkeiten zum Proben. Die beiden Jungs haben wirklich etwas gewagt, als sie die alte, ehemalige Fabriketage komplett saniert haben – auf eigene Kosten. Mit Sprungboden und Kronleuchtern. Man kommt an seinen Arbeitsplatz und denkt „Ach, ich freu mich." Die i-Tüpfelchen sind für mich die zwei Hunde von Per und Oliver, die von allen geliebt werden und mittlerweile die Maskottchen der Kreativfabrik sind. Der eine ist wie ein großer Flokatiteppich und schmust total gerne – wenn er dafür etwas zu essen bekommt. Wenn ich während meiner Probezeit mal ausgelaugt bin, die Schritte vergessen habe oder die Texte, dann gehe ich einfach raus zu den Hunden und nehme mir dort eine Auszeit. Vor dem Proberaum gibt es auch eine Art Lounge mit gemütlichen Sofas und immer frischem Kaffee.

Die *Stage Factory* liegt in einem alten Industriegebäude in Friedenau. Dieses gesamte Gelände ist ein Ort, an dem verschiedene Künstler ihrer Passion nachgehen können – es gibt dort Fotografen, Maler, Maskenbildnerinnen und eine Special-Effects-Werkstatt. Man sieht Klinkermauern mit Rundbogenfenstern, Türmchen und Reliefs der Backsteingotik. Das ist der Stil dieser Stadt und zählt für mich zu den schönen Dingen in Berlin. Von der Straße aus sieht man erst mal nichts. Man geht in den ersten Hinterhof: „Wow", man geht in den zweiten Hinterhof: „Oh, wow!", und dann geht man nach oben, nimmt den Aufzug und es öffnet sich eine ganz andere Welt. Die *Stage Factory* ist nicht nur eine Probebühne. Sie ist auch eine Tanz- und Musicalschule und ein Ort für besondere Veranstaltungen, es gibt Partys und Abende mit Big Band- und Swingmusik.

Seit ich die *Stage Factory* nutze, versuche ich so oft wie möglich im Proberaum zu sein. Ich plane auch, dort eine Art Showing zu machen, eine öffentliche Probe. Damit Leute kommen können, die es sich woanders nicht leisten können. Und ich bekomme ein bisschen Feedback in einer schönen und gemütlichen Atmosphäre. Das passt zu dem Ort und der Ort hat mir die Idee dazu gegeben. Ich liebe diesen Austausch. Wir sind hier als Künstler und Theatermenschen und wir machen etwas zusammen. Das ist für mich sehr Berlin. Offene Prozesse, Kreativität – die Besitzer unterstützen das sehr. Wir waren sofort auf einer Wellenlänge. Ab und an kommen die Kids der Theaterschule rein und schauen zu. Manchmal haben die Jungs gesagt: „Äh, ist das doof." Aber dann haben die meine Tänzer gesehen oder meinen Drummer oder meinen Gitarristen. Und dann kam: „Wow, das ist cool." Sie haben sogar die Lieder meiner Show für ihren Abschlussabend genommen. Ich saß heulend im Zuschauerraum, freute mich und war sogar ein klein wenig stolz. Schön ist auch, dass der Ort direkt in meiner Neighbourhood liegt. Ich bin so oft auf Tournee, da freue ich mich einfach, mit dem Fahrrad dorthin fahren zu können. Und jetzt ist die *Stage Factory* „kind of home" für mich.

Udo Walz

„Die Zeiten ändern sich. Marlene Dietrich ist tot, Greta Garbo ist tot und früher gab es auf dem Ku'damm ein tolles *Café Möhring*. Und auf einmal war es weg. Ich bin da nicht nostalgisch. Es ist, wie es ist. Es ist meine Stadt. Es ist mein Berlin!"

Udo Walz

Ob als Promifriseur, Buchautor oder einfach nur als liebenswerte, umtriebige Berliner Institution – Udo Walz ist 98 Prozent aller Deutschen bekannt. Vor circa 40 Jahren frisierte er Romy Schneider, heute kümmert er sich um die Haare von Angela Merkel. Auch wenn seine Salons mittlerweile in der ganzen Stadt verteilt sind, Udo Walz ist mit ganzer Seele Charlottenburg-Fan. Um den Gendarmenmarkt zu besuchen, verlässt er jedoch gerne seinen Lieblingskiez.

Der Gendarmenmarkt

Udo Walz bezeichnet ihn als den schönsten Platz Europas. Er gilt als In-Meile für Berliner und Touristen und verzaubert mitten im Herzen der Stadt nicht nur durch das Konzerthaus, den Französischen und den Deutschen Dom. Hier findet man auch einige der nobelsten Hotels der Stadt, erstklassige Lokale, Bars und Geschäfte. Besondere Highlights sind das alljährliche *Classic Open Air* und der handwerklich geprägte Weihnachtsmarkt.

Danke Berlin

Umfragen zufolge sollen mich ja achtundneunzig Prozent aller Leute in Deutschland kennen. Es war die Stadt Berlin, die mich berühmt gemacht hat. Ich liebe Berlin, Berlin ist meine Stadt, und nicht nur, weil ich ihr viel zu verdanken habe. Ich war zweiundzwanzig, als ich in das damalige Westberlin gekommen bin, und habe von Anfang an viel positive Presse bekommen.

Ich hatte beruflich das Glück, von vielen meiner Schauspielerinnen weiterempfohlen zu werden. Marlene Dietrich war zum Beispiel meine erste bekannte Kundin. Und dann hieß es schnell: „Da ist einer, der ist nicht talentfrei. Und vor allem quatscht der auch nichts weiter." Ich habe Romy Schneider die Haare gemacht und war sehr eng mit ihr befreundet. Die war einfach auch ganz glücklich, dass ich nie die Presse angerufen habe. Frau Angela Merkel kommt ja auch, weil sie hier ihre Ruhe hat. Und ich habe eben das Quäntchen Talent.

Ursprünglich hat mich die Bundeswehr beziehungsweise meine Weigerung, an der Wehrpflicht teilzunehmen, nach Berlin geführt. Das war im Jahre 1964. Ich bin also ein richtig eingesessener Westberliner. Als ich noch ganz jung war, habe ich tagsüber viel gearbeitet und abends ging es immer auf die Piste. In dieser Stadt habe ich alles gefunden, was ich gesucht habe. Das Nachtleben war gigantisch, ich habe mich riesig amüsiert. Eingeengt durch den Inselstatus der Stadt Westberlin fühlte ich mich nicht. Wenn wir raus wollten, sind wir eben nach Hamburg geflogen. Westberlin war auf eine Art intim, denn jeder kannte jeden. Man muss sich vorstellen, dass kaum neue, fremde Leute dazukamen, wenn man abends ins Lokal ging. Ich habe das als so eine Art private Party empfunden – toll! Viele Leute haben damals ihre Häuser und Wohnungen verkauft und sind dann weggezogen aus der Stadt. Das ist jetzt vielleicht anmaßend zu sagen, aber diejenigen, die hier geblieben sind, haben nicht viel über ihre Inselsituation nachgedacht.

Auch wenn ich mich im alten Westberlin sehr wohlgefühlt habe – als die Mauer fiel, war das etwas sehr Positives für mich. Ich saß gerade beim Essen,

als ich den Anruf bekam und ein Freund mir sagte: „Du, da sind ganz viele Trabis auf dem Ku'damm!" Ich konnte das nicht glauben. Ist doch langweilig, so ein Witz. Und dann bin ich los in die Stadt. Der pure Wahnsinn war das! Zu den Leuten aus Ostberlin, die damals spontan bei mir übernachteten, habe ich heute noch Kontakt.

Ich habe es mir damals dann zur Gewohnheit gemacht, jeden Sonntag rüber in den Ostteil zu fahren. Wenn man heute durch die Stadt fährt, merkt man ja gar nicht mehr, dass es mal eine Mauer gab. Heute existiert für mich die Ost-West-Problematik nicht mehr. Ich fühle doch international. Und nach der Grenzöffnung ist die Stadt auch sehr kreativ geworden. Viele Leute setzen sie mit New York gleich. Was für mich aber völliger Blödsinn ist. Die kreativen Leute ziehen ja von New York hierher. Das ist eine neue Stadt, die fordert heraus. Es gibt noch so viele Lücken und Nischen, die man mit seinen Ideen und Aktivitäten besetzen kann.

Nach all den Jahren und Entwicklungen in dieser Stadt bin ich aber noch immer bekennender Charlottenburger. Ich hab immer im Kiez Charlottenburg gelebt. Mittendrin. Und das ist heute immer noch schön. Man trifft sich, ist sich vertraut. Das ist eben das Kiez-Feeling, das ich für mein Leben brauche und immer gesucht habe. Man muss in Berlin nicht Angst vor der Größe der Stadt haben, denn eigentlich lebt man in seinem kleinen Bezirk. Das ist ja schon fast dörflich. Geht immer zum selben Bäcker, in dieselben Restaurants ... und meine Freunde wohnen auch dort. Dort, wo ich bin. Ich mag die Gegend in Charlottenburg einfach sehr. Schöne Häuser, breite Straßen, eine gute Verwurzelung der Geschäfte, der Ku'damm, wo ich auch meinen neuen Salon eröffnet habe. Um die Ecke in der schönen Fasanenstraße habe ich mir jetzt auch einen Traum erfüllt und eine Galerie mit Cocktailbar eröffnet. Dort treffe ich mich mit Bekannten nach dem Dinner.

Gendarmenmarkt:
Ich kenne keinen, der so schön ist wie du

Ich habe viel von Europa gesehen und in vielen Städten gelebt. Deshalb will ich auch behaupten: Der Gendarmenmarkt in Berlin-Mitte ist einer der schönsten Plätze in Europa. An diesem Flecken Erde lebt die Kultur, die Atmosphäre ist großstädtisch und verrät zugleich viel von der Historie der Stadt. Flankiert wird der Platz von der einen Seite vom Französischen Dom und von der anderen Seite vom Deutschen Dom. Das Konzerthaus, das in der Mitte steht, hat einen Aufgang wie die ganz großen Opern, bewacht von zwei gigantischen Löwen. Das kommt einem fast unwirklich vor, wie im Traum. Ich persönlich mag den Deutschen Dom sehr. Diese Ruhe, diese Pracht. Wenn ich Sorgen habe, dann sitze ich dort gerne, komme zur Ruhe und nach einiger Zeit meistens zu der Feststellung, dass so schlimm doch alles gar nicht ist.

Den Gendarmenmarkt habe ich gleich nach dem Fall der Mauer entdeckt und sofort in mein Herz geschlossen. Ich war sprachlos und wusste in dem Moment, dass der schönere Teil von Berlin im Osten liegt. Und das Tragische daran ist, dass er mir, dem alten Wahlwestberliner, ganze fünfundzwanzig Jahre verschlossen blieb. Erstaunlicherweise hat sich der Platz damals schon so präsentiert wie heute. Da hat sich eigentlich wenig geändert. Das war ja auch im Osten der Vorzeigeplatz. Ich erinnere mich noch an den Plattenbau, der abgerissen wurde. Dort, wo heute das Quartier 206 steht. Klar, die Läden sind natürlich neu und gehören zu der Berliner Hipkultur. Mein Geheimtipp ist die Chocolaterie *Fassbender & Rausch* mit ihren selbst gemachten Pralinés, aber auch die ganzen Restaurants ringsum kann ich sehr empfehlen. Das *Lutter & Wegner* dort ist sehr gut oder das *Borchardt*. Und dann bei gutem Wetter draußen sitzen und einfach die Atmosphäre des Platzes genießen. Hervorragend ist das.

Ich muss gestehen, dass ich bestimmt einmal wöchentlich zum Gendarmenmarkt fahre. Aber ich habe ja auch in Paris und New York gearbeitet und da sind die Wege noch viel weiter. Auch wenn ich viel arbeite und oft unterwegs bin – diese Zeit nehme ich mir. Ehrlich gesagt fühle ich mich dort so, als wäre ich verreist. Meine Gäste, denen ich mein Berlin zeige, können diese fantastische Kulisse dort nur bestätigen. Erst vor Kurzem war ich mit Sarah Jessica Parker da, das hörte sich dann ungefähr so an: „Oh my god. I've never seen something like this before." Ja, die Amerikaner sind sehr empfänglich für solch eine Pracht.

Der Gendarmenmarkt ist trotz seiner Bekanntheit auch ein Platz, zu dem die Berliner kommen. Überhaupt wird die ganze Ecke dort sehr gut angenommen. Es gibt die großen Kaufhäuser auf der Rückseite des Platzes und da ist es natürlich sehr bequem, in einem der Cafés oder Restaurants eine schöne Schokolade zu trinken. Allerhöchste Güte ist auch der Markt um die Weihnachtszeit mit den vielen kleinen Ständen mit ihren handgemachten Produkten. Gigantisch sind natürlich auch die klassischen Gendarmenmarktkonzerte im Sommer – die darf man einfach nicht versäumen, denn: Wo gibt es so etwas Schönes schon?

Udo Walz | Promifriseur

Anastasia Zampounidis

„Ich gestehe, es gab auch mal einen Bruch in meiner Liebesbeziehung zu Berlin. Ich hatte sprichwörtlich die Schnauze voll. Berlin und ich – das wurde zu intensiv. Aber wo sollte ich denn hin? Berlin is the place to be! Also haben wir uns wieder zusammengerauft und es ist wieder heiß und innig. Vielleicht streiten wir uns noch einmal, sicherlich wird es wieder Krisen geben, aber in und mit Berlin werde ich alt."

Anastasia Zampounidis

In Berlin bekannt wurde sie 1996 unter dem Namen *Krazy Dazy*. Beim Radiosender Energy moderierte sie ihre eigene Show. Schnell wurde auch die Fernsehbranche auf die lockere und schlagfertige Art von Anastasia Zampounidis aufmerksam. Die Deutsch-Griechin war viele Jahre das prominenteste Gesicht des Musiksenders MTV, bei Thomas Gottschalk kommentierte sie zwei Jahre lang die Außenwetten von *Wetten, dass ..?* Heute moderiert sie verschiedene Events und Galas, ist das Gesicht der Sendung *sixx – Das Magazin* und jedes Wochenende als DJane unterwegs.

Das Haus der Kulturen der Welt

Wie holt man sich die Welt ins Haus? Als Zentrum für den internationalen Kulturaustausch gilt das Haus der Kulturen der Welt, das städtebaulich im Herzen Berlins, am Ufer der Spree mit einem schönen Ausblick auf den Tiergarten liegt. Eröffnet wurde das Haus bereits 1957 zur Internationalen Bauausstellung und wegen seines futuristischen Aussehens wird es im Volksmund liebevoll „Schwangere Auster" genannt. Ob Musical, Theater, Party oder einfach als Ausstellungsort – das Lieblingsgebäude von Anastasia Zampounidis hat sich als weltoffener Ort verschiedener Kulturen etabliert.

Berlin: The place to be

Ich bin ein Stadtkind und definitiv kein Land-ei. Sobald es bürgerlich wird und ruhig und schön, wird mir schnell langweilig. Deswegen wohne ich mittendrin, im Westteil des Potsdamer Platzes in der Nähe der Neuen Nationalgalerie. Das liegt zwischen Downtown und Getto, denn hinter dem Häuserblock fängt ja gleich die Kurfürstenstraße an, dort, wo abends auch die netten Damen stehen. Wir kennen uns mittlerweile sogar vom Sehen, nicken uns zu. Ich finde, wer A sagt, muss auch B sagen. Also, wer mittendrin wohnen will, der muss auch alles mitnehmen. Ich mag das Gefühl, dass das hier die Realität ist, mir keiner was vormacht. Wenn ich im Grunewald leben würde, würde mir irgendetwas fehlen. Das wahre Leben. Das mich inspiriert. Das mich immer wieder aus dem Elfenbeinturm in die Realität zurückholt. Mein Leben spielt sich ja schon genug in einem Elfenbeinturm ab. Beruflich gesehen. Deswegen finde ich es gut, wenn ich privat knallhart weiß, was Sache ist. Und mir dadurch eine Einstellung zu allen Themen bilden kann. Gesellschaftlich wie politisch.

In der Nähe vom Tiergarten zu wohnen ist auch deshalb eine absolute Bereicherung für meine Lebensqualität, weil ich eigentlich täglich – und das von April bis Oktober – zum Inlineskaten, Fahrradfahren, Spazierengehen oder Joggen dort bin. Das ist ein richtiges Lebens-elixier für mich. Das klingt jetzt vielleicht etwas befremdlich, aber ich fühle mich speziell Bäumen sehr zugetan. Wenn die in meiner Nähe sind, dann geht es mir blendend. Ich glaube sowieso, dass die Natur uns um einiges helfen könnte, wenn wir es nur zulassen würden. Und in meinem Stückchen Natur in der Stadt lasse ich es halt zu.

Ich fand Berlin schon immer toll und fühle mich zu diesem Stück Erde praktisch hingezogen. Das Andere, was ich so besonders finde, ist, dass dieses Unfertige, was Berlin in sich trägt, sich auf unseren Geist überträgt. Das können vor allem die Leute verstehen, die auch Anfang der Neunzigerjahre in Berlin waren. Das war damals wirklich eine Goldgräberzeit. Die Berliner haben alles ausprobiert: Es gab kreative Partys und Veranstaltungen, dann sind Internetfirmen aus dem Boden geschossen,

hippe Cateringunternehmen ... Alle hatten eine Idee. Diese Kreativität kam daher, weil in Berlin alles in Bewegung war. Und das steckt an. Wenn jemand nach Stuttgart kommt oder München, dann guckt er sich eine schöne Stadt an, aber es ist alles fertig, alles gesetzt. Solche wunderbaren Läden wie das *Anna Blume* oder das *Cookies* findet man nirgendwo anders in Deutschland. Ich glaube und hoffe, dass Berlin diese Aufbruchsmentalität für immer mit sich trägt. Egal, ob es irgendwann weniger Baustellen gibt oder alles etwas glatter ist. Berlin ist immer in Bewegung. Und das ist sehr inspirierend und aufwühlend und aufregend.

Berlin hat alle Städte Deutschlands in sich vereint. Und jeder kann sich hier den Ort aussuchen, wo er sich wohlfühlt. Wir werden immer einen schrammeligen Stadtteil haben, einen schicken, einen bürgerlichen, einen multikulti-geprägten ... Alles wird sich immer wieder verschieben. Jetzt sind die ganzen Leute in Friedrichshain, Kreuzberg ist im Kommen und Neukölln soll das absolute neue „In-Ding" sein. Ich habe vor circa zwanzig Jahren für drei Jahre in Neukölln gewohnt, da kriegen mich keine zehn Pferde mehr hin! Auch der Prenzlauer Berg hat sich sehr verändert, und ich möchte auch da nicht wohnen, aber er hat doch immer noch mehr zu bieten als Köln-Mitte. Und ich freue mich über jeden, der hierher kommt. Der unsere Stadt bereichert. Wir stecken ja noch in den Kinderschuhen. New Yorker, Londoner, Pariser – die finden den Spirit von Berlin toll. Alle. Alle, alle, alle, die ich treffe und kennenlerne, lieben diese Stadt.

Der Geheimtipp für den Sommer

Das Haus der Kulturen der Welt ist mein Lieblingsort in Berlin. Ich zeige das auch jedem, der mir etwas bedeutet und mich besucht. Das Gebäude hat eine schöne und außergewöhnliche Architektur und liegt sehr idyllisch mitten im Tiergarten. Am Herzen liegt es mir aber deshalb besonders, weil ich mit und in der „Schwangeren Auster" einige intensive und lustige Momente erlebt habe. Als ich Anfang der Neunzigerjahre wieder nach Berlin gekommen bin, hatte ich dort einen Studentenjob. Entweder stand ich an der Garderobe oder am Eingang, meistens aber am Katalogtisch. Das war recht interessant, denn wenn wenig los war, habe ich mir die Kataloge durchgelesen. Was internationale Ausstellungen angeht, war ich also bestens informiert. Die Kataloge habe ich heute auch alle noch zu Hause.

Während meiner zwei Jahre in den USA habe ich gelernt, mir die Menschen genauer anzuschauen. Nicht alle über einen Kamm zu scheren. In Bezug auf Werte und Ideale habe ich dort sehr viele offene, herzliche und gastfreundliche Leute kennengelernt. Die Fortsetzung dazu kam in der nachfolgenden Zeit im Haus der Kulturen der Welt. An wenigen anderen Orten der Stadt treffen so viele Nationen aufeinander. Ich habe dort eine Menge junger Leute getroffen, die in unser Land, in unsere Stadt kommen, weil sie hier studieren wollen. Und jeder von ihnen bringt andere Einflüsse, Verhaltensweisen mit. Und so beschnuppert man sich dann halt. Ich habe mit chinesischen, afrikanischen, indischen Studenten zu-

sammengearbeitet und gedacht: „Wow, die sind alle in unserer Stadt. Toll."

Etwas später, als ich schon als Radiomoderatorin und DJane in der Stadt bekannt war, hatte ich noch einmal ein lustiges Erlebnis in der „Schwangeren Auster". Ich bekam von meinem damaligen Radiosender einen Auftritt im Haus vermittelt und es kamen viele Leute, die jetzt auch mal wissen wollten, wie die zur Stimme gehörende Frau eigentlich aussieht. Ich legte halt auf und musste nach dem Set eine Riesentreppe Richtung Wasser runter. Die hatte schon fast etwas von einer Showtreppe. Ich sah also diese ganzen Gesichter und Augen auf mich gerichtet. Dann: Große Tür – *mit* Glas auf der einen Seite und *ohne* Glas auf der anderen. Wo laufe ich vor? Volle Kanne gegen die Glastür! Das war unglaublich peinlich und alle Aufmerksamkeit war mir gewiss. Mein erster öffentlicher Auftritt und ich laufe gegen eine Glastür! Aber solche Sachen sind ja ganz gut, die holen einen ja ganz schnell wieder runter. Es ist egal, wer du bist und was du machst, vor eine Glaswand läufst du trotzdem. Heute kann ich herzhaft darüber lachen.

Ein kleiner Geheimtipp für den Sommer: Auf der Rückseite des Hauses gibt es ein schönes Café. Das ist Berlin pur mit Blick auf das bombastische Regierungsviertel und die Spree. An der Anlegestelle kann man sich auch kleine Bötchen ausleihen. Das ist ein Ort, den Touristen nicht kennen, wo man aber ganz viel von Berlin sieht.

Tausend Dank für eure Unterstützung!

Lars Becker

William Davis

Gopal Englberger

Eik Galley

Katja Haufe-Höfling

Marc Hillebold

Claudius Mäntele

Ute Müller-Slomka

Anke Nordemann-Schiffel

Michael Schubert

Tilo Seidel

Bernd Christ und Ute Seiler-Liepe

Eunkyoung Song

Stephanie Stender

Carsten Thamm

Marius Will

Nicht zuletzt möchten wir uns auch bei den Protagonisten dieses Buches bedanken: Merci für die „stoische" Geduld bei und den Spaß an den teils langen Fotoshootings, für die Offenheit während der Interviews und die Lust, an diesem Buch mitzuwirken.

Die Autorin:

Claudia Höfling ist seit 2002 Redakteurin bei einem öffentlich-rechtlichen Sender. Darüber hinaus erstellt die studierte Sportjournalistin für verschiedene Fernsehsender, Organisationen und Institutionen TV-Beiträge, Artikel und Imagefilme – vorwiegend über gesellschaftliche und sportpolitische Themen.

Der Fotograf:

André Wagner bedient sich meisterhaft der Kameratechnik und inszeniert Porträts und Landschaftsbilder bis ins kleinste Detail. Der mehrfach ausgezeichnete Fotokünstler arbeitet für Magazine wie *National Geographic*, *Stern* und *Rolling Stone*. 2008 veröffentlichte er seinen ersten Bildband *Authentic Nature* (Schaden Verlag, Köln) und 2010 *Twilight Views* (Darling Publications, Köln). Ausstellungseinladungen und Reportagen führten ihn bereits durch China, Indien, Neuseeland und die USA.

Die Gestalterin:

Kati Hagemann wirkt seit mehreren Jahren im Art Department für internationale Film- und Fernsehproduktionen. Die studierte Medienwissenschaftlerin arbeitet zudem als freie Gestalterin.